山东省荣成市蜦江中学特色品牌建设系列丛书

精致课程

一所初级中学学校课程系统化建设与创新的实践模式

汤文江　主编

李爱燕　副主编

吉林文史出版社

图书在版编目（CIP）数据

精致课程：一所初级中学学校课程系统化建设与创
新的实践模式 / 汤文江主编 . —— 长春：吉林文史出版
社，2023.3

ISBN 978-7-5472-9302-7

Ⅰ . ①精… Ⅱ . ①汤… Ⅲ . ①课程—教学研究—初中
Ⅳ . ① G632.3

中国国家版本馆 CIP 数据核字 (2023) 第 048831 号

精致课程

JINGZHI KECHENG

___

主　　编	汤文江
出 版 人	张　强
责任编辑	钟　杉
封面设计	西　子
出版发行	吉林文史出版社有限责任公司
电　　话	0431-81629357
地　　址	长春市净月区福祉大路 5788 号
网　　址	www.jlws.com.cn
印　　刷	天津兴湘印务有限公司
开　　本	170 mm × 240 mm　1/16
印　　张	6.75
字　　数	112 千
版 印 次	2023 年 4 月第 1 版　　2023 年 4 月第 1 次印刷
书　　号	ISBN 978-7-5472-9302-7
定　　价	45.00 元

前　言

我们是一群行者，日夜兼程，在教育的路上。聚创新激情的澎湃力量，把时光赋予的丰厚化为梦想路上的点点星光，秉持初心，探索开拓，逐梦奔跑，将蜊江中学的故事带向更辽阔的远方。

近年来，随着教育改革日益深入人心，学校的教育环境也正经历着前所未有的挑战。一方面，国家先后出台了多项政策，系统推进育人方式改革，聚焦立德树人，突出五育并举，强调创新实践能力，提升学生核心素养；另一方面，荣成市正在全面推进基础教育改革，用心培养特色、做强品牌效应成为学校拥有持续竞争力并实现可持续发展的重要基石；同时，学校所在区域市民整体素质逐年提升，当地百姓对教育的期待日益增长……新形势下的种种变化对学校发展提出了更高要求。而课程是学校发展的灵魂，因此，构建符合时代发展以及学生成长需求的特色课程体系，以更好地为国家培养合格建设者和接班人，成为我们新的梦想与使命。

根植于精致教育办学特色的土壤，紧紧围绕学校核心价值体系，结合现有资源优势，我们探索开发了一系列个性化、多元化的课程，通过传承、拓展、优化、提升，逐步构建形成 CIC（创意 Creative，创新 Innovate，创造 Create）特色课程体系，有效落实全面育人的教育目标，努力实现"精致教育成就师生精彩人生"的办学愿景。

CIC 特色课程是以创新意识为前提，创新思维为核心，创造技能为要义，以体验式、项目式合作学习为实施路径，尊重学生认知规律和创新需求，鼓励学生合作学习与分享，培养学生分析解决问题、团队协作和创新实践等能力的学校系列课程，是国家课程的有力补充。本书清晰呈现了精致课程的理念、研究、建构、开发、实施等，内容丰富，独具特色，语言精练，切合实际，极具可操作性与借鉴价值。

一个无任何特色的学校，培养出的学生也不会有任何特色。只有我们的教育真正实现面对每一个具体学生，因材施教，让每一个学生都能找到发展个性的平台，并在其中感到求知的快乐、思考的快乐、创造的快乐，那么，所有学生就会成为发光体，绽放出不一样的精彩。这也正是我们开发 CIC 课程的初衷，是历经困难依然初心不改的动力，我们期待并坚信，CIC 特色课程必能引领学子自由遨游知识的殿堂，尽情飞驰想象的天空，纵情享受创生的精彩。

未来可期！

目　录

第一章　理念

学校课程是中国学生核心素养发展的一片沃土，学校课程是落实立德树人根本任务的主要途径；学校课程建设需要学习教育教学及课程理论，本着落实教育政策及文件精神，在结合学校实际情况基础上，提出以"精致教育"校本特色理念引领教育实践和课程教学，并展开学校课程高质量发展的实践探索。

第一节　立德树人

一、立德树人是教育之根本

（一）党的教育方针提出立德树人的根本任务

教育是国之大计、党之大计。党的十九届五中全会指出，要全面贯彻党的教育方针，坚持立德树人。我们要从党和国家事业发展全局的高度，落实立德树人根本任务，推进教育事业发展同实现高质量发展相适应，培养担当民族复兴大任的时代新人。

国无德不兴，人无德不立。育人的根本在于立德。落实立德树人根本任务，是我国教育事业不断取得新发展的关键所在，也是实现高质量发展、建设教育强国的必然要求。新中国成立以来，我国教育走出了一条特色鲜明的发展道路，坚持为党育人、为国育才，源源不断地为改革开放和社会主义现代化建设提供人才资源和智力支撑。新发展阶段，教育要全面贯彻党的教育方针，紧扣落实立德树人根本任务，努力构建德智体美劳全面培养的教育体系，形成更高水平的人才培养体系，培养更多德智体美劳全面发展的社会主义建设者和接班人。

服务推动高质量发展。进入新发展阶段，学校要继续落实立德树人根本任务，为推动高质量发展提供人才支撑。着眼于服务推动高质量发展，聚焦"人"

这个生产力中最活跃的因素，不断优化学科和专业结构，主动融入国家创新体系，推动教育链、人才链与产业链、创新链融合发展，为实现高质量发展源源不断输送高质量人力资源。

（二）《国家中长期教育发展纲要》指明发展方向

2010 年，国务院常务会议审议并通过了《国家中长期教育发展纲要》，对 2010 年至 2020 年进行规划，提出了总体战略、发展任务、体制改革、保障措施等方面的核心要求。

坚持以人为本、全面实施素质教育是教育改革发展的战略主题，是贯彻党的教育方针的时代要求，其核心是解决好培养什么人、怎样培养人的重大问题，重点是面向全体学生、促进学生全面发展，着力提高学生服务国家服务人民的社会责任感、勇于探索的创新精神和善于解决问题的实践能力。

坚持德育为先。加强马克思主义中国化最新成果教育，引导学生形成正确的世界观、人生观、价值观；加强理想信念教育和道德教育，坚定学生对中国共产党领导、社会主义制度的信念和信心；加强以爱国主义为核心的民族精神和以改革创新为核心的时代精神教育；加强社会主义荣辱观教育，培养学生团结互助、诚实守信、遵纪守法、艰苦奋斗的良好品质。加强公民意识教育，树立社会主义民主法治、自由平等、公平正义理念，培养社会主义合格公民。加强中华民族优秀传统文化教育和革命传统教育。把德育渗透于教育教学的各个环节，贯穿于学校教育、家庭教育和社会教育的各个方面。构建大中小学有效衔接的德育体系，创新德育形式，丰富德育内容，不断提高德育工作的吸引力和感染力，增强德育工作的针对性和实效性。加强辅导员、班主任队伍建设。

（三）《关于深化基础教育课程改革进一步推进素质教育的意见》

2010 年 6 月，教育部颁发的《关于深化基础教育课程改革 进一步推进素质教育的意见》，明确以下核心思想：

深化课程改革意义重大。基础教育课程是国家意志和社会主义核心价值观的直接体现，承载着教育思想、教育目标和教育内容，在人才培养中发挥着核心作用。当前，基础教育课程改革进入总结经验、完善制度、突破难点、深入推进的新阶段。深化课程改革是提高国民素质、建设创新型国家和人力资源强国的战略举措，是落实科学发展观的具体体现，是推进教育现代化的重要内容，对于确保每一个孩子接受高质量教育、促进教育公平具有重要而深远的意义。

进一步完善基础教育课程体系。以"三个面向"为指导,构建体现先进教育思想理念的、开放兼容的基础教育课程体系,全面提升学生的科学、人文素养。在总结课程改革经验的基础上,进一步完善课程设置方案,给学生留有更多自由支配的活动时间,切实减轻学生过重的课业负担。修订各学科课程标准和教材,把社会主义核心价值体系有机融入课程教材中,进一步精选对学生终身发展有重要价值的课程内容,更加强化课程教材与社会发展、科技进步和学生经验的紧密联系,更加突出时代性,增强适宜性,提升课程教材的现代化水平,突出对学生社会责任感、创新精神和实践能力的培养。进一步加强中小学各学段、各学科课程内容的有机衔接。建立基础教育课程教材周期修订制度,既保持课程教材的相对稳定性,又随着社会科技发展而与时俱进。

(四)《关于全面深化课程改革落实立德树人根本任务的意见》

——充分认识全面深化课程改革、落实立德树人根本任务的重要性和紧迫性

深化课程改革、落实立德树人根本任务具有重大意义。立德树人是发展中国特色社会主义教育事业的核心所在,是培养德智体美劳全面发展的社会主义建设者和接班人的本质要求。课程是教育思想、教育目标和教育内容的主要载体,集中体现国家意志和社会主义核心价值观,是学校教育教学活动的基本依据,直接影响人才培养质量。全面深化课程改革,整体构建符合教育规律、体现时代特征、具有中国特色的人才培养体系,建立健全综合协调、充满活力的育人体制机制,落实立德树人根本任务,是贯彻党的十八大和十八届三中全会精神的重大举措,是提高国民素质、建设人力资源强国的战略行动,是适应教育内涵发展、基本实现教育现代化的必然要求,对于全面提高育人水平,让每个学生都能成为有用之才具有重要意义。

——新时期课程改革在立德树人工作中发挥了重要作用

新世纪以来,特别是教育规划纲要发布实施以来,教育系统认真贯彻落实中央有关精神,积极探索,勇于实践,推动课程改革取得显著成效。德育为先、能力为重、全面发展的教育理念得到普遍认同。符合素质教育和时代要求的课程教材体系不断完善。人才培养模式改革不断深化,自主、合作、探究的学习方式与启发、讨论、参与的教学方式不断推广,育人的针对性、实效性进一步增强。分类考试、综合评价、多元录取的考试招生制度改革积极推进,以学生全面发展为

根本、科学多元的评价制度改革取得重要进展。课程改革为进一步推动立德树人工作奠定了基础。

——课程改革面临新的挑战

经济全球化深入发展，信息网络技术突飞猛进，各种思想文化交流交融交锋更加频繁，学生成长环境发生深刻变化。青少年学生思想意识更加自主，价值追求更加多样，个性特点更加鲜明。国际竞争日趋激烈，人才强国战略深入实施，时代和社会发展需要进一步提高国民的综合素质，培养创新人才。这些变化和需求对课程改革提出了新的更高要求。

当前，中小学课程改革从总体上看，整体规划、协同推进不够，与立德树人的要求还存在一定差距。主要表现在：重智轻德，单纯追求分数和升学率，学生的社会责任感、创新精神和实践能力较为薄弱；中小学课程目标有机衔接不够，部分学科内容交叉重复，课程教材的系统性、适宜性不强；与课程改革相适应的考试招生、评价制度不配套，制约着教学改革的全面推进；教师育人意识和能力有待加强，课程资源开发利用不足，保障课程改革的机制不健全。这些困难和问题直接影响着立德树人的效果，必须引起高度重视，切实加以解决，全面深化课程改革。

——准确把握全面深化课程改革的总体要求

全面贯彻党的教育方针，遵循教育规律和学生成长规律。大力弘扬中华优秀传统文化，把培育和践行社会主义核心价值观融入国民教育全过程，倡导富强、民主、文明、和谐，倡导自由、平等、公正、法治，倡导爱国、敬业、诚信、友善。要立足中国国情，具有世界眼光，面向全体学生，促进人人成才。

坚持系统设计，整体规划育人各个环节的改革，整合利用各种资源，统筹协调各方力量，实现全科育人、全程育人、全员育人。坚持重点突破，聚焦课程改革的关键领域和主要环节，针对制约课程改革的体制机制障碍，集中攻关，重点推进。坚持继承创新，注重课程改革的连续性和可持续性，适应新时期教育发展的新要求，积极开拓，大胆试验。

高举中国特色社会主义伟大旗帜，推动社会主义核心价值观进教材、进课堂、进头脑，着力培养学生高尚的道德情操、扎实的科学文化素质、健康的身心、良好的审美情趣，努力使学生具有中华文化底蕴、中国特色社会主义共同理想、国际视野，成为社会主义合格建设者和可靠接班人。基本建成中小学各学段上下贯通、有机衔接、相互协调、科学合理的课程教材体系；基本确立教育教学主要环节相互配套、协调一致的人才培养体制；基本形成多方参与、齐心协力、互相配合的育人工作格局。

二、培育核心素养践行立德树人

（一）国外对核心素养的探索

面对日新月异的社会与经济变革，全球许多国际组织、国家和地区都在思考如何培养未来的公民，以使其能够更好地适应 21 世纪的工作与生活。为此，他们基于对未来公民形象的追问，提出了 21 世纪核心素养（21st Century Competencies，经济合作与发展组织提出，以下简称 OECD）、21 世纪技能（21st Century Skills，美国 21 世纪技能合作组织提出，以下简称美国 P21）、关键素养（Key Competences，欧盟提出）、综合能力（General Capabilities）、共通能力（Generic Skills）、核心素养（Core Competencies）等理念。这些理念甚至成为许多国家或地区制定教育政策、开展教育改革的基础。

21 世纪核心素养，英文为 "21st Century Competencies"。一方面 21 世纪核心素养教育旨在培养未来公民，"21 世纪" 一词能很好地反映这一特点，且 "21 世纪核心素养（21st Century Competencies）由经济与合作发展组织提出，已在世界范围内产生广泛的影响，为公众所熟知。另一方面，与 "技能（Skills）" 相比，"素养（Competencies）" 具有更丰富的内涵，与许多国际组织、国家或地区在相关教育目标中所表达的含义更加贴近。同时，这些素养都是适应个人幸福生活、实现终身发展，融入并推动社会进步所必需的核心内容。

2016 年 9 月 13 日，中国学生发展核心素养研究成果发布会在北京师范大学举行，会上正式发布了 "中国学生发展核心素养" 的总体框架。核心素养是学生在接受教育的过程中，逐步形成的适应个人终身发展和社会发展需要必备的品格和关键能力。自 1997 年以来，国际经济合作与发展组织、联合国教科文组织、欧盟等国际组织先后开展关于核心素养的研究。受其影响，美国、英国、澳大利亚、芬兰、新加坡等国家也积极开展核心素养框架研究。

1. 英国

作为一个有着独立教育体系的国家，英国较早地启动了核心素养框架的研究，并将最后的研究成果广泛应用于教育的各个领域。英国的核心素养研究相对于其他国家和地区有较强的前瞻性和成熟性。

1979 年，英国皇家文学、制造和商业促进会颁布《能力教育报告》，随后英国国家课程委员会、国家职业资格委员会、资格与课程局等诸多机构对学生的核心素养进行系统研究，并于 1988 年正式颁布《教育改革法案》。该法案要求设立统一的《国家课程》标准，明确核心素养包括学生精神、道德、社会和文化等方面的发展所需要的核心能力，以及与学科领域紧密结合的关键能力。1990年 3 月，英国国家课程委员会制订了若干课程计划，其中所列出的核心技能包括沟通、算数能力、个人技巧、问题解决能力、资讯科技能力、熟悉现代语言等六项。

为了进一步开发受教育者的潜能，并提升国人在 21 世纪中的竞争能力，2003 年，英国教育与技能部进一步强化了 14 岁—19 岁年龄段的能力，并向议会提交了《21 世纪核心素养——实现潜力》的白皮书，目标在于提升个体技能，促进持久就业，发展经济，改善生活。具体措施为：学前阶段开始培养基础技能，重点培养沟通、合作、创新能力；小学、初中阶段重在提高为其他学习、后续工作奠定基础的读写、计算、信息技术能力；14 岁—19 岁进行与工作相关的学习，凸显以职业为导向的能力培养。

除了制定统一的国家课程标准，英国核心素养框架开发还建立跨年级连续性学业质量评价标准。每个学科的学业成就标准包括八个水平加一个优秀水平，每一个水平都描述了学生在完成该水平学习后所能展示的能力类型和能力范围。这八个水平贯穿于学生的四个关键阶段，即 7 岁、11 岁、14 岁、19 岁，依据学业质量标准对学生课程的掌握情况、学生的能力发展状况进行实时监测和评估，及时发现问题，保证预设的课程目标得以实现，同时为鉴定机构进行资格认定提供清楚的依据。

2. 澳大利亚

早在 20 世纪 90 年代初，澳大利亚芬恩委员会和梅耶委员会就开始以提高员工的职业发展能力为目的，进行核心素养的研究，只是这两大商业机构关注的目标群体是产业工人，而不是学生。

本世纪初，PISA（国际学生评估项目，Programme for International Student Assessment）测试结果表明，澳大利亚的学生因所在学校类型的不同，其成绩差距明显，存在教育公平性的问题。此后，澳大利亚的基础教育从霍华德政府时期的关注质量转向强调教育的不公平，并于 2008 年 12 月发表了《墨尔本宣言》。

宣言指出："要促进教育公平和卓越，让所有的澳大利亚青少年都成为成功的学习者、自信和有创造力的个体、积极和明智的公民。"并明确提出将核心素养融入国家课程标准中，为澳大利亚基于核心素养进行课程标准制定提供了政策支持。

澳大利亚基于核心素养的国家课程大纲自2010年开始制定，2011年1月开始在约150所学校试验推行《国家课程大纲》，2013年澳大利亚所有学校全面实施该基础教育课程大纲，以后几年时间里多次修改，不断优化。《国家课程大纲》的基本结构有七大部分：课程概述、学习者的多样性、核心素养、跨课程、八大学习领域、选修、教学资源与支持。其中，学习者的多样性、核心素养及跨课程三项分别是针对每一门学科应该完成的标准。学校在实施国家课程时，教师可以根据自己的知识水平、教学能力以及学生的兴趣和需要对国家课程进行调整、删减和修正，使其更加符合当地的教学实际，也可以根据本地的实际情况开发富有特色的校本课程。

3. 芬兰

芬兰很小，人口只有550万，仅是上海的四分之一；芬兰又很大，大到能把教育做到世界顶尖水平，成为全球最具竞争力国家之一。芬兰属于经合组织的成员国，但芬兰核心素养的发展与执行，并不是完全基于经合组织的研究成果，而是把其研究的内容进行拓展和升华，分别延伸到职业课程改革和中小学课程改革。

2004年芬兰颁布了《基础教育国家核心课程》，该课程针对不同年龄段的学生提出七大核心素养。分别为思考和学习素养，文化理解、交际和自我表达素养，自我照顾和日常生活管理素养，多模态识读素养，信息技术素养，就业和创业能力素养，社会参与和构建可持续发展的素养。围绕每个方面的核心能力，芬兰国家课程标准从其价值和意义、内容与要素、基础教育培养任务等维度做了进一步诠释，并将几大素养落实到数学、环境与自然、生活与地理、物理与化学、健康教育、宗教、历史、伦理学、社会研究、视觉艺术、劳动技术、音乐、体育、家庭经济等课程中。课程标准还强调了不同学科间的交叉和互动，鼓励突破学科界限，倡导开展跨学科学习。

芬兰的教育质量非常均衡，政府为每一个孩子提供优质公平的教育环境。芬兰教师的整体素质非常高，基本上拥有硕士以上的学位，他们不仅要掌握教育科学知识和教育研究技能，还要在日常工作中熟练运用这些知识和技能，并不断积极地探索教育教学方法。芬兰教师拥有高度的自治权和自由度，在国家课程标准和地方教学标准的框架内，每个教师有权寻求最适合学生的教学方法。教师、学校领导和利益相关者可以共同参与校本教材的编写，同时将学校的一些价值观融入教材。

芬兰的学生也有选课、弹性学制、自我评价上的自主权。教育自主权的扩大使教学更加贴近学生，有利于培养学生的自我规划及自主学习能力。芬兰的中小学生一般没有成绩单，只有学期报告，学生从小到大只需参加一次高中毕业考试，平时几乎不考试。学校从来不排名次，家长永远不知道自己的孩子在班上是第几名。每到寒暑假，教师的嘱咐是"玩得愉快"。学生只跟自己比较，自我评价。或者一个学期结束后，通过评测来检验自己是否达到了原定的学习目标。

4. 美国

2002年，美国21世纪核心素养联盟成立，标志着21世纪核心素养研究项目正式启动。这一项目旨在促进美国培养出具备适应时代要求的知识型与多技能的学生，满足职场对人才的最新需求。21世纪学生培养目标主要有三个方面内容，即学习与创新素养，信息、媒介与技术素养，生活与职业素养。

与世界上其他组织和国家不同的是，美国21世纪核心素养项目从一开始就建构了以核心素养为中轴的学习体系。其中，核心科目主要包括英语、阅读和语言艺术、数学、外语、艺术、经济、地理、历史、科学、政府与公民等。同时，在保留传统核心课程的基础上，还增加了5个21世纪主题，内容包括全球意识、理财素养、公民素养、健康素养、环保素养。21世纪主题教学活动不以独立学科存在，而是融入核心科目中，目的在于帮助学生懂得如何应对现实生活的具体问题。

2009年6月，美国全国州长协会和各州教育长官委员会联合发起设立全国统一课程标准的行动，得到了绝大多数州政府和教育长官的积极响应和支持。2010年，美国首次颁布国家级课程标准《共同核心州立标准》，标准包含英语语言艺术和数学两科；2013年又颁布了科学学科标准，该系列标准更加强调综合性、跨学科性，同时注重将21世纪核心素养纳入学科培养目标。目前，美国一共有45个州实施这一标准。

5. 新加坡

为了应对挑战，适应社会的快速发展，2010年3月，新加坡教育部颁布了《新加坡学生21世纪技能和目标框架》。21世纪技能包括三个层次，首先，居于核心的是价值观，包括尊重、负责、正直、关爱、坚毅不屈、和谐。价值观是知识和能力的基础，决定一个人的性格特点，塑造一个人的信仰、态度和行为，因此必须居于核心位置。其次，社交与情绪管理技能，包括自我意识、自我管理、社会意识、人际关系管理、负责任的决策。最后，全球化技能。包括公民素养，全球化意识，跨文化交际能力，批判性和创新性思维，沟通、合作和处理信息的能力。

新加坡提出 21 世纪技能是为了培养自信的个体、自主的学习者、有担当的公民和积极的贡献者。值得一提的是，新加坡提出要在整个学习过程中贯穿对学生 21 世纪技能的培养，而不仅限于课堂教学。同时，框架提出，要培养具有胜任力和发展性的教师，要求教师采用创新的教学方法扩展学生思维的深度和广度。

6. 韩国

作为一个历来十分注重教育的国家，韩国在进入 21 世纪后就明确提出要跻身"教育竞争力世界排名前 10 位"的设想。2009 年韩国教育课程研究院在《课程改革方案报告》中提出建立以核心素养为基干的课程体系，借以克服传统教育课程以知识传授为中心的局限，使其更加符合时代需求。然而，出于谨慎态度，这次课程改革在实施过程中并没有将核心素养编入课程内容中。此后，韩国教育课程评价院于 2014 年再次提交课程改革咨询报告——《国家教育课程标准总论改革基础研究》，重新审议以核心素养为基干的课程体系改革的必要性，并提出了具体的建议。在国际和国内因素共同影响下，韩国政府最终同意实行新课程改革。

从 2016 年开始，韩国在全国所有初中推广自由学期制。即在初中阶段的一个学期废除所有笔试，开展开放式的课堂教学和职业体验、社团活动等自由活动。在自由学期内，学生一般上午上课，下午参与各类活动，学生可自主选择参加学校的艺体类课程、参与小组学习，或干脆到社会认证机构进行实习。韩国推行自由学期制旨在使学生通过自我设计和探索寻找自己的梦想，培养学生的自主学习模式，以及进一步加强学校、家庭、社会之间的合作，建设各方都满意的教育环境。

2017 年，新课程将核心素养分为六大内容：一是具有明确的自身定位和自信，得以自主生活的"自我管理素养"；二是正确处理和运用各领域知识信息，从而合理解决问题的"知识信息处理素养"；三是以广博的知识为基础，融合多种专业领域的知识、技术、经验，创造新知的"创造性思维素养"；四是以对人的同情、理解及文化感受能力为基础，发现生命意义与价值的"审美感性素养"；五是在各种情形下有效表达自己想法和情绪并尊重和倾听他人想法的"沟通素养"；六是具有作为地区、国家、世界共同体成员所应具备的价值和态度，积极参与共同体发展的"共同体素养"。

7. 德国

作为经合组织和欧盟成员国，德国一直以来居于世界经济强国地位，基础教育体系和质量也处于世界领先水平。然而，2001 年首次 PISA 结果公布，在参与测试的 32 个国家中，德国学生的阅读素养位于第 21 位，数学素养和科学素养列第 20 位，远远落后于经合组织平均分，从而引发了德国对核心素养的讨论。

随后，德国开始制定国家教育标准，确定若干核心学科的核心素养，这些学科性的国家教育标准是由心理学、学科教学论和教育学专家合作完成。包括学科的教育意义、学科的能力领域、学科能力领域的标准、任务例题四大部分。以德国文化部长联席会 2003 年为十年级的德语课程制定的教育标准为例，该项标准被划分为四大能力范畴：探究语言和语言运用、听说、写作及阅读。

第一个范畴侧重于专业素养，比如对词类和语法的掌握，而后面三个能力范畴则表现出鲜明的跨专业素养的特点。在"听说"这个能力范畴中，学生应该能够根据特定的情境清楚地、以别人易于理解的方式表达自己；掌握丰富多变的词汇；区分和运用多种形态的语言表达方式，比如叙述、报告、描述、论证等；了解不同讲话方式可能产生的影响，并会根据对象和场合的不同恰当地选择讲话方式，会注意音量、音色、重音、语速、情绪渲染和肢体语言。

写作能力包含学生有目的地查找信息资源，尤其是图书馆、工具书、报纸、网络等资源的能力。阅读能力要求学生掌握理解文本的基本方法，能够借助这些方法产生阅读的兴趣，形成移情和自我的理解。这些具体的能力标准将语言视为一种工具，学生应通过掌握这种工具来培养表达自我、与他人沟通以及解决实际生活问题的能力。

2006 年德国成立了国家教育质量研究所（IQB），研究并制定了基础教育阶段学校的质量评价标准。该评价标准包括学科质量标准和合格学校标准两部分内容。德国教育评价标准强调的是学生的能力产出，即学生运用所学知识解决实际问题的能力。教育标准的出台，为教师构建课堂教学、检验教学质量提供了重要的参考依据。

8. 日本

日本国立教育政策研究所教育课程研究中心从 2009 年开始，组织了近 80 人的研究团队，根据社会的变化、世界教育的动向和教育教学研究成果等，历经数年的研究，于 2013 年向社会公布了以《培养适应社会变化的素质与能力的教育课程编制的基本原理》为题的研究报告，报告提出了立足本国、面向世界的核心素养框架——"21 世纪型能力"。

进入 21 世纪，日本内阁府、厚生劳动省、经济产业省和文部科学省根据自身所需人才的规格与要求，分别提出"完整的人素养""职业素养""公民素养"和"大学生素养"培养目标，四部门均从知识素养、社会与人际关系素养、和自我管理素养三个维度构建指标体系，为"21 世纪型能力"框架建构奠定了基础。2013 年，日本国立教育政策研究所对上述四部门所提出的核心素养进行完善与提炼，最终形成了日本"21 世纪型能力"框架。

日本"21 世纪型能力"架构由基础力、思考力和实践力三大部分构成。思考力居于核心地位，是指每个人自主学习、自我判断，形成自己的想法，通过与他人商讨，比较并整合自己的想法，形成更好的见解，创造新的知识，进而形成发现下一个问题的能力。思考力由发现问题、解决问题的能力，创造力、逻辑思维能力、批判性思维能力，元认知、学习适应力构成。

支撑思考力的是基础力，即通过熟练使用语言、数学、信息通信技术等来实现目标的技能。基础力由听说读写的语言技能、有效利用数学信息的数量技能、通过计算机有效运用信息的信息技能构成。它与所有的学科、领域均有联系，需要在全部的教育课程中有计划地进行培养。

实践力是指在日常生活、社会和环境中发现问题，并运用自己掌握的知识，寻求对自己、社区和社会有价值的解决办法，并将解决办法通报社会，与他人协商讨论这种解决问题的方法，通过这种方式认识到他人和社会的重要性的能力。实践力涵盖调整自主行动和自主选择生活方式的生涯规划能力，与他人进行有效沟通的能力，与他人共同参与构建社会的能力，还包括伦理道德意识和公民责任感等。

从此，日本学校以培养学生基础力、思考力和实践力三位一体的生存力为具体方向，引发了全日本社会的广泛关注。

（二）中国学生发展核心素养

学生发展核心素养，主要指学生应具备的，能够适应终身发展和社会发展需要的必备品格和关键能力。研究学生发展核心素养是落实立德树人根本任务的一项重要举措，也是适应世界教育改革发展趋势、提升我国教育国际竞争力的迫切需要。

核心素养是党的教育方针的具体化，是连接宏观教育理念、培养目标与具体教育教学实践的中间环节。党的教育方针通过核心素养这一桥梁，可以转化为教育教学实践可用的、教育工作者易于理解的具体要求，明确学生应具备的必备品格和关键能力，从中观层面深入回答"立什么德、树什么人"的根本问题，引领课程改革和育人模式变革。

第一，坚持科学性。紧紧围绕立德树人的根本要求，坚持以人为本，遵循学生身心发展规律与教育规律，将科学的理念和方法贯穿研究工作全过程，重视理论支撑和实证依据，确保研究过程严谨规范。

第二，注重时代性。充分反映新时期经济社会发展对人才培养的新要求，全面体现先进的教育思想和教育理念，确保研究成果与时俱进、具有前瞻性。

第三，强化民族性。着重强调中华优秀传统文化的传承与发展，把核心素养研究植根于中华民族的历史文化土壤，系统落实社会主义核心价值观的基本要求，突出强调社会责任和国家认同，充分体现民族特点，确保立足中国国情、具有中国特色。

中国学生发展核心素养以培养"全面发展的人"为核心，分为文化基础、自主发展、社会参与3个方面，综合表现为人文底蕴、科学精神、学会学习、健康生活、责任担当、实践创新等六大素养。各素养之间相互关系、互相补充、相互促进，在不同情境中整体发挥作用。为方便实践应用，将六大素养进一步细化为18个基本要点，并对其主要表现进行了描述。根据这一总体框架，可针对学生年龄特点进一步提出各学段学生的具体表现要求。

（三）必备品格与关键能力

1. 文化基础

文化是人存在的根和魂。文化基础，重在强调能习得人文、科学等各领域的知识和技能，掌握和运用人类优秀智慧成果，涵养内在精神，追求真善美的统一，发展成为有宽厚文化基础、有更高精神追求的人。

人文底蕴。主要是学生在学习、理解、运用人文领域知识和技能等方面所形成的基本能力、情感态度和价值取向。具体包括人文积淀、人文情怀和审美情趣等基本要点。

科学精神。主要是学生在学习、理解、运用科学知识和技能等方面所形成的价值标准、思维方式和行为表现。具体包括理性思维、批判质疑、勇于探究等基本要点。

2. 自主发展

自主性是人作为主体的根本属性。自主发展，重在强调能有效管理自己的学习和生活，认识和发现自我价值，发掘自身潜力，有效应对复杂多变的环境，成就精彩人生，发展成为有明确人生方向、有生活品质的人。

学会学习。主要是学生在学习意识形成、学习方式方法选择、学习进程评估调控等方面的综合表现。具体包括乐学善学、勤于反思、信息意识等基本要点。

健康生活。主要是学生在认识自我、发展身心、规划人生等方面的综合表现。具体包括珍爱生命、健全人格、自我管理等基本要点。

3. 社会参与

社会性是人的本质属性。社会参与，重在强调能处理好自我与社会的关系，养成现代公民所必须遵守和履行的道德准则和行为规范，增强社会责任感，提升创新精神和实践能力，促进个人价值实现，推动社会发展进步，发展成为有理想信念、敢于担当的人。

责任担当。主要是学生在处理与社会、国家、国际等关系方面所形成的情感态度、价值取向和行为方式。具体包括社会责任、国家认同、国际理解等基本要点。

实践创新。主要是学生在日常活动、问题解决、适应挑战等方面所形成的实践能力、创新意识和行为表现。具体包括劳动意识、问题解决、技术应用等基本要点。

第二节 精致教育

一、办学理念

学校以落实立德树人根本任务为核心，"为每一个学生终身发展奠基"为办学宗旨，提出"精致教育"特色办学主张及实践思路，确立"开启智慧、润泽生命"的办学理念。

理念即理想和信念，是概念、观点、观念或思想及其价值追求的复合体。从这个意义上讲，理念就是一整套概念体系或观念体系。

（一）办学理念的由来

它是建立在对教育规律和时代特征深刻认识基础之上，学校成员对学校的理性认识、理想追求及所持教育观念的复合体，是学校自主建构起来的总体的办学指导思想。欧美学校有时直接称之为学校教育哲学。办学理念不是一个口号，不是一个概念，不是一个教育政策，不是一种教育模式，而是沉淀了学校的历史传统，反映了学校的社区背景以及校长和广大教师共同愿景的一整套教育思想体系的结晶。它与学校的办学目标、办学特色和校训、校风、教风、学风等一起，共同构成学校的文化标识。

学校之所以要确立办学理念，首先源于学校自身发展的需要。一是办学理念的确定能够促使学校明确发展目标，描绘学校发展的未来愿景，引导学校向预定的方向迈进，形成较强的主动性和目的性；二是能够促使学校全体成员向着同一个明确的目标团结奋进，形成整体的行为自觉。其次，确立办学理念是在办学日趋同质化的背景下，学校形成或保持自己独有个性和独到办学特色的需要。

从 1995 年建校至今，在 28 年的办学历程中，我校不断以改进自身为出发点，注重吸收各种教育理念，坚持守正创新，在认真梳理学校发展史、分析学校发展现状、研究学校已有独特文化以及判断学校未来发展趋势的基础上，结合师生成长、社会发展对教育提出的时代要求，积极探寻，深入研究，组织全体师生及家长广泛讨论，经过多次修订和完善，反复加工提炼，最终确立了适合我校的办学理念，即"开启智慧、润泽生命"。这八个字高度凝练概括，很好地诠释表达了我们对教育及学校的认识、判断和憧憬，是学校全体师生及家长等群体对学校办学的共同愿景和期待，旨在为学生与学校提供更好的发展。

（二）办学理念的内涵

我校以"为每一个学生终身发展奠基"为办学宗旨，以培养具有"家国情怀、国际视野、创新精神、精彩绽放"的蜊园学子为育人目标，紧紧围绕国家教育方针政策，结合学校办学目标、宗旨及学校发展的需要，确立了"开启智慧、润泽生命"的办学理念。

"为每一个学生终身发展奠基"指的是学校教育的根本目的，体现以学生为本，对学生的终极关怀。学校教育不仅要关注学生的今天，更要关注学生的未来；不仅要关注学生的智力培养，更要关注学生的全面和谐发展，关注学生的终身发展。学校教育作为培养人的摇篮，它对一个人的成长更具有启蒙性、深远性、综合性、根本性的基础影响。主要体现在陶冶人的情操、提升人的精神境界、确定人的理想信念，打好广博而坚实的学习基础，形成适应未来社会发展的生存能力等。而人的这些基本素质的形成对他终生的发展会产生深远和积极的影响。因此，教育必须为学生终身发展奠定这样的基础。基于这样的认识，我们始终秉承"为每个学生终身发展奠基"的办学宗旨，把培养具有"家国情怀、国际视野、创新精神、精彩绽放"的蜊园学子作为学校育人目标，渗透到学校教育教学和校园文化建设的方方面面，致力于为学生终身发展打好底色。

——开启智慧

学校存在的使命首先应该是启迪智慧。教育对学生而言，开启智慧、启迪人生是其核心意义。教师的使命在于，通过学校的教育教学行为使学生的智慧得到启发，通过环境与文化的营造使学生的智慧得到释放，通过课程与活动的开展使学生的智慧得到张扬，通过言传身教的示范使学生的智慧得到提升与传承。

——润泽生命

体现了"以生为本"的发展理念。"润泽"寓意生命的孕育与滋养，其核心价值是以人为本。学校教育以发现生命和尊重生命为根本，以促进每个学生全面而有个性地发展作为学校一切工作的出发点和落脚点，实施差异化教育，主张教育应因人而异，要充分体现差异化满足和差异化发展。"润泽生命"，即尊重每一个生命的个性化需求化，在滋养生命的过程中静待开花、结果。尊重和信赖每个孩子的学习方式和个性需要，支持和呵护每个孩子的生命张力，让每个孩子犹如一颗颗多彩的生命种子，在"润泽"熏陶中茁壮成长。学校通过开展丰富多彩的主题活动，开发实施多元校本课程等，让每个学生都能在教育和课程中发现自我、完善自我、发展自我、成就自我，以此实现因材施教、精准育人，使每个生命都能够自由舒展、精彩绽放。

"开启智慧、润泽生命"充分彰显了"为每一个学生终身发展奠基"的办学宗旨。

（三）办学理念的现实意义

——有利于指导学校教育实践，推动学校内涵发展

办学理念是学校在长期办学过程中，不断对办学实践进行理性思考基础上总结与提炼的结晶，是立足学校历史文化传统以及具体实践，对学校发展方向的回答。它解决的是"学校是什么""学校具有什么使命""学校发挥什么作用"等问题，其存在价值在于指导和规范办学活动，体现出强烈的现实指向。可以说，办学理念是学校发展的灵魂和命脉，是学校成功办学的关键所在。如果没有清晰的办学理念，就不可能办高质量的教育和办出优质学校。正确的办学理念一经形成，会对办学实践产生理论指导作用，使学校办学目标明确，思路清晰，从而更好促进学校发展。多年来，在"开启智慧、润泽生命"办学理念的指导下，结合新时代教育改革发展的需求，我校积极探索，勇于创新，培育形成了"精致教育"办学特色，确立了培养具有"家国情怀、国际视野、创新精神、精彩绽放"的蜊园学子的育人目标，形成了强大的办学凝聚力和向心力。通过在课堂教学、课程建设、五育并举等方面不断发力，深化研究，落实推进，有效推动了学校教育高质量发展，促进了办学内涵的进一步提升。

——有利于激发教师的使命感，促进教师文化自觉

办学理念承载着学校教育观点和文化，是学校教师应具有的教育思想的观点基础。学校充分发挥办学理念统一思想和精神动员的作用，通过引导教师开展集体研讨、故事讲述、文章撰写、案例分享等活动，使教师全身心融入和全面参与到办学理念的提炼践行中，加深教师对办学理念的理解和认同，使其内化为一种潜在的精神领导力量，内化为教师个人的认知和意志，从而使办学理念成为教师教育教学的行动指南。教师把办学理念作为自己的行动指南，贯穿到教育教学全过程，对自我教育行为实行"软约束"，按照办学理念要求设计并组织实施各项教育教学活动，并以办学理念的价值取向反思自己课堂教学的实践行为，形成高

度的自觉，将精致理念落实到日常教育生活之中，敬业乐教，崇善修德；同时，把精致教育中的个性、创新和求真务实的精神融入自身教育教学中，在办学理念指导下开发特色课程，改进评价方式、教育教学方式与方法等，不断致力于自身品行与教育教学能力的提高，以精致教育引领自己的精神生活与专业发展，进而耕耘学生的精神世界，有效促动教师工作的持续完善和增强，形成较强的内驱力和自制力，提升工作实效，并对教与学产生影响。

——有利于系统构建学校课程，提升教育教学质量

办学理念最终要体现在学校课程教学改革之中。课程教学改革是学校教育的主要行为活动，它集中体现了学校办学理念和思想，是实现学校教育目标的重要途径。我校在践行"开启智慧、润泽生命"办学理念过程中，将办学理念的研究和实践上升为广大教师能积极参与的教育科研课题、课程改革项目，以课题研究和特色课程建设推动学校的整体综合改革，促进办学思想向现实转化。2008年，学校以发展生命化教育为主题，以《构建生命化课堂的实践研究》的科研课题为引领，开启了生命化课堂教学研究，构建形成生命化课堂 1/3 模式，打造出高效灵动的课堂，推动学校教育教学质量始终走在区域教育的前列。近年来，学校积极顺应教育改革发展，在发展已有课程教学改革成果的基础上，以办学理念为统领，以现代课程理论为指导，以实施培养创新精神与实践能力为核心的创客教育为出发点，结合学校现有的师资条件与教学资源，立足区域优势，开发出具有时代特征、蜊中特色的 CIC（创意 Creative，创新 Innovate，创造 Create）课程，并以此来推进学校课程教学的整体改革，由此推进办学理念的深化与落实，使学校教育教学高质量品牌焕发出了新的生机与活力。

——有利于明确素养发展目标，促进学生全面发展

教育的永恒追求应该是要确立个人的主体地位，高扬人的主体精神，彰显人的主体意识，解放人的主体力量，开发主体自育潜能，让人的一生永远处于持续发展的主动态势。"开启智慧、润泽生命"的办学理念，其核心价值正在于孩子的自主发展和智慧生长，全面发展和终身发展。在此理念指导下，学校致力于为学生全面发展创造激情空间，为学生核心素养发展架起新的支点。重视教育过程中教育主体的情感体验和教育目标动态生成，指向对人生命的终极关怀，对人核心素养的全面发展。我们将教育的旨归定位于最大程度地尊重学生的个性，发掘学生的潜力，通过有目的、有组织的激发和引导，让学生自学、自探、自悟、自得，从而自主地、能动地，创造性地实现身心连续不断的积极变化，实现自主能

动发展。达成充分唤醒每一个学生的生命意识，开发每一个学生的生命潜能，增强每一个学生的生命活力，提升每一个学生的生命境界之目标，让每一个学生都能自由地、充分地，最大限度地发展核心素养，实现自我的生命价值，让每一个学生的生命之光都把世界和自身照亮。

二、办学策略

优质教育应该是精致的。什么是精致？精致不仅是一种严谨认真的态度，一种精致化的思维，一种精益求精的文化，更是一种对教育规律、教育本质的尊重，对教育全过程的精心设计和对教育发展的精准把握。办一所精致学校，是学校能够保持可持续发展的关键。学校要精致，就是既要重硬件改善，更要重内涵发展。这里的精致，包含精美、精细、精良、精品、精彩、精准等元素。具体解读为：精致学校就是要建设精美的校园环境文化，进行随时可见可感的校园文化宣传，实施精细化、人文化管理，培养锻造精良的师资队伍，开发实施精品多元的课程，打造高效精彩的课堂，追求精心精准的教育艺术，创新变革教育教学过程与方式方法，充分发挥教育在促进人的生命价值的丰富性方面的基础性作用，促进学生个性全面和谐发展、教师专业素养发展，从而实现学校的可持续发展，为学生成长奠基、为教师发展助力，让学校成为师生创造奇迹、绽放精彩的地方，以"精致教育成就精彩人生"。

（一）以"精致课程"丰富性引领师生共同成长

学校以"科学统整、整体优化、逐步深化、逐年推进"作为课程建设的基本理念，凸显课程的整体性与实践性，突出多元化，同时体现以人为本的精神，以课程促进学生发展、教师专业成长。

学校基于"点燃创新思维，展现创造能力，厚实人文底蕴，走向未来世界"的课程理念，构建了指向学生核心素养培育的"精致课程"体系，包括国家课程、地方课程、CIC 特色课程。学校坚持开足开齐开好国家基础课程，保障学生学足学好基础课程，夯实博学之基。在此基础上，学校顺应时代发展，立足传统优势，充分了解和尊重每位学生的个体差异，确立学生在学习中的主体地位，关注每个学生的学习过程，确立课程要为每位学生提供多种学习经历的观念，通过构建涵盖"基础融合、拓展发展、综合探究"三类课程群的 CIC 特色课程，作为国家课程的有力补充，努力为学生全面发展创造条件。智慧数学、格物致理、五彩生活、蜗园造物……在丰富多彩的课程中，通过学科内拓展和跨学科融合，多渠道搭建广阔的锻炼展示平台，完成对学生学科知识和能力的培养，实现对学生核心素养的培育和提升。同时，在设计开发、组织实施系列课程活动的过程中，教师不仅要关注自己的专业领域，还要关注专业之外的知识领域，且许多问题超出了课堂教学、教材、教参的范围。科学知识和人文知识的交融，迫使教师重新评价自己的知识结构和素质要求，重新规划自我发展方向，促进了教师专业成长。

校本性实践取得的收获，让我们深信，有了丰富的课程资源，才有师生的丰富学习与丰富经历；有了丰富的课程才会有自主选择和自觉探索，进而才有每个学生个性的充分发展，每个老师专业的迅速提升。

（二）以"致简课堂"有效性提升教育教学质量

教学质量是指教师在教学活动中向学生传授知识和技能、提供线索或指导水平，吸引学生学习的能力以及学生参与学习活动的程度等。教学质量是一所学校永恒的主题，是学校生存、发展的生命线。评价教学质量主要看教的质量和学的质量。教的质量主要是教师能否有效指导学生主动学习，教给学生学习方法，培养科学的思维，教会学生学习，教会学生发现等。学的质量则更多指向在教师上述指导引领下，学生是否构建成合理的知识体系，学会高效学习，自主学习及创新实践等能力是否得到提高，综合素养是否得到提升等。如此看，仅仅分数高完全不能与质量高画等号，换言之，分数高不代表质量就好。所以，对学校而言，教学质量效益的标准，不单单包括知识数量、知识的系统性和完整性，最根本的还在知识的灵活运用，以及批判、综合、推理、怀疑、创新等高层次能力的养成。基于此，学校以"能力本位 全面发展"教学质量观为统领，致力于打造高效"致简课堂"，突出教与学的有效性。

教师方面，"有效性"强调教学不仅要重视夯实基础，让学生掌握知识和技能，更重要的是开发学生的个性潜能，激发学生的主动性、创造性、独立性和好奇心，培养学生自主学习、独立分析和解决问题、动手实践以及创造性思维等能力，解决"高分低能"问题。它要求教师抛弃知识本位，确立"能力为本"观念。教育教学中，教师要坚持贯彻"以爱育爱 用智启智"的教风，尊重学生的人格，变革教学方式，丰富教学形式。具体做到：在教育教学过程中落实学生的主体地位，改"教师讲"为学生展示，在精讲简练、提质增效上下功夫；变"学生听"为动手实践，让学生在做中思考、合作、探究、发现；变"个体学习"为合作互助，培养学生合作能力，帮助学生在和别人的合作中得到启发，及时修正自己的思维层次和思维水平；变"循规蹈矩"为自主思考，培养学生创造性思维、发散思维。通过教学方法的变革和综合运用，充分调动学生学习的兴趣，激发学生主动参与教学过程，让学生从单调枯燥、机械被动、死记硬背的学习转向丰富多彩、积极主动、探索创新的学习，从而促进学生思维发展和能力提升。

学生方面，"有效性"要求学生扭转学科本位的观念，改变只重视书本知识学习的价值取向，更多关注自我关键能力和必备品格的养成，努力成长为具有家国情怀、创新精神、创造能力的新时代人才。日常学习中，学生要在老师的引领下，通过"问题—问题链—问题群"启发积极思维，并结合学科思维导图的运用、开展师友合作等，构建自主思考、合作探究的学习方式，在自我探索和交流互鉴中，获取知识，形成技能，提高分析解决问题、团队协作、批判质疑、表达交流等能力。同时依托学校丰富的特色社团课程，学生学会将视角投放到更广阔的生活空间中，积极参与系列项目式、探究式学习活动中，发现问题，研究问题，利用所学知识解决问题，生成发展自我学习的能动性和独立性，最大程度促进能力和素养提升。

（三）以"精致校园"先进性提供师生发展平台

本校地处东城区核心地带，毗邻市委、市政府，地理位置优越，总面积51369.2 平方米，建筑面积 18271.6 平方米。学校建筑规划合理，布局严整，两座教学楼高大庄严、相对而立，餐厅综合楼、实验综合楼美观舒适、简约大气，充满现代智慧。学校各种现代化教学、艺体设施等高端齐全，每间教室均配备希沃白板交互大屏，同时配有高标准的微机教室、多功能报告厅、足球场、篮球场、心语屋及理化生实验室、音体美和史地生专用教室等功能场馆。无线网络、广播系统、安防系统覆盖了全校每个角落。学校管理与教育教学全部实现数字化、智能化。

（四）以"精致文化"人文性提升校园文化品位

自然环境是人生存的基本条件，对人的发展具有不可忽视的影响。著名的教育家苏霍姆林斯基曾经说过："要让学校的每一面墙都会说话。"学校的每面墙壁、每块绿地、每个角落都可成为会"说话"的老师，使学生随时随地受到感染和熏陶，在良好的校园环境中受到美的熏陶。所以，学校重视校园物质文化景观设计，精心设计楼道长廊、校园文化墙，一层一主题，一方一世界，于无声处彰显特色育人；实施校园绿化、亮化、美化的"三化"工程，设置了"诚""博"字样的石碑、绿地小广告等多个育人功能的景点，设计花草树木错落有致、疏密合理，做到"春有花、夏有荫、秋有果、冬有绿"，致力于建设美丽和谐的精美校园自然环境，让校园环境成为学校育人的重要阵地，充分体现人文内涵。

社会人文环境对促进人的发展具有重要意义，良好的校园人文环境影响着学生思想、价值观、意识等精神取向。学校重视校园精神文化建设，建立健康的校园人文环境。漫步校园，"开启智慧、润泽生命""能合作会创意、能担当会创新、能求真会创造""精致教育成就精彩人生"等等，这些学校的文化标识举目可见，校徽、校训、校风、教风、学风等，都以不同的形式表现出来，影响着师生，并深深印在了师生的脑海中。启智楼、启慧楼、求实楼、求索楼、至博楼、至诚楼，无声的教育书写在校园的不同立面。校园文化氛围浓郁，激人积极进取，追求卓越。

三、理论应用

（一）以教育学理论指导精致教育实践

1. 从皮亚杰建构主义获得启发

皮亚杰关于建构主义的基本观点是：儿童是在与周围环境相互作用的过程中，逐步建构起关于外部世界的知识，从而使自身认知结构得到发展的。儿童与环境的相互作用涉及两个基本过程：同化与顺应。同化是认知结构数量的扩充，而顺应则是认知结构性质的改变。认知个体通过同化与顺应这两种形式来达到与周围环境的平衡：当儿童能用现有图式去同化新信息时，他处于一种平衡的认知状态；而当现有图式不能同化新信息时，平衡即被破坏，而修改或创造新图式（顺应）的过程就是寻找新的平衡的过程。儿童的认知结构就是通过同化与顺应过程逐步建构起来，并在"平衡—不平衡—新的平衡"的循环中得到不断的丰富、提高和发展。

2. "学习科学"为精致教育带来的思考

加涅认为学习是一个有始有终的过程，这一过程可分成若干阶段，每一阶段需进行不同的信息加工。在各个信息加工阶段发生的事件，称为学习事件。学习事件是学生内部加工的过程，它形成了学习的信息加工理论的基本结构。与此相应，教学过程既要根据学生的内部加工过程，又要影响这一过程。因而，教学阶段与学习阶段是完全对应的。在每一教学阶段发生的事情，即教学事件，这是学习的外部条件。教学就是由教师安排和控制这些外部条件构成的，而教学的艺术就在于学习阶段与教学阶段的完全吻合。

3. 杜威从做中学理论与精致课程理念

杜威的从做中学理论是他在批判传统的学校教育弊端的基础上提出来的。杜威曾对传统教学进行了全面的否定，他指出，传统教学的最大弊端就是强迫儿童学习那些成人为之安排好的书本知识。他分析说，传统教学中所使用的教材和教法都是依据以往社会文化的成果以及成人的经验而编排和设置的，与儿童自身的需要没有联系，严重脱离了儿童个人的生活与经验，儿童学习的过程只是被动地接受知识的过程。他批评这种教学是"三中心"的教学，即以前人知识、课堂讲授和教师作用为中心，而唯独忽略了真正的中心，即儿童本身的活动。杜威要求现代学校用活动教学来完全取代传统教学，用活动课程取代学科课程。

（二）以心理学理论涵养精致课程建设

1. 汲取人本主义思想

罗杰斯根据自我学说理论，形成了一种比较激进、用于促成个体自我实现的教学策略——非指导性。非指导性方法是建立在罗杰斯对人的下述信念之下的：第一，人具有非常优异的先天潜能，教育无须也不应该用指导性的方式向学生灌输什么，这样做会压抑潜能的自然实现，适得其反。教育只要为学生潜能的发展提供一个宽松、和睦的心理环境，使之能在"内驱力"的本能驱动下自动形成，充分形成。第二，人无时无刻不处在动态的变化之中。他说过这样一段话："一个人是一个流程，而不是一团固定的材料；是不断变化着的潜能之星座，而不是一组稳定的特征。"这样，教育就不可能按照一组预定的程序、利用外部的要求向学生施教，不能"指导"学生如何想，如何做，而必须顺学生内心心理体验变化之自然。

2. 应用自我实现需求理论

马斯洛认为人类行为的心理驱力不是性本能，而是人的需要，他将其分为两大类、七个层次，好像一座金字塔，由下而上依次是生理需要、安全需要、归属与爱的需要、尊重的需要、认识需要、审美需要、自我实现需要。人在满足高一层次的需要之前，必须先部分满足低一层次的需要。第一类需要属于缺失需要，可产生匮乏性动机，为人与动物所共有，一旦得到满足，紧张消除，兴奋降低，便失去动机。第二类需要属于生长需要，可产生成长性动机，为人类所特有，是一种超越了生存满足之后，发自内心地渴求发展和实现自身潜能的需要。满足了这种需要，个体才能进入心理的自由状态，体现人的本质和价值，产生深刻的幸福感，马斯洛称之为"顶峰体验"。马斯洛认为人类共有真、善、美、正义、欢乐等内在本性，具有共同的价值观和道德标准，达到人的自我实现关键在于改善人的"自知"或自我意识，使人认识到自我的内在潜能或价值，人本主义心理学就是促进人的自我实现。

3. 应用多元智能理论

传统的智力理论认为人类的认知是一元的，个体的智能是单一的、可量化的，而美国教育家、心理学家霍华德·加德纳在 1983 年出版的《智力的结构》一书中提出"智力是在某种社会或文化环境的价值标准下，个体用以解决自己遇到的真正的难题或生产及创造出有效产品所需要的能力"。每个人都至少具备语言智力、逻辑数学智力、音乐智力、空间智力、身体运动智力、人际关系智力和内省智力。后来，加德纳又添加了自然智力。这一理论被称为多元智力理论。这种理论认为，不存在单纯的某种智力和达到目标的唯一方法，每个人都会用自己的方式来发掘各自的大脑资源，这种为达到目的所发挥的各种个人才智才是真正的智力，造就了人与人之间的不同。

（三）以多元化课程理论指导课程开发

1. 目标课程理论及应用思路

泰勒原理是泰勒在进行了八年研究的基础之上将实践经验进行总结，又吸收了心理学以及哲学的研究成果，从而形成的一种课程观。泰勒的现代课程论具有操作性强的特点，认为课程知识具有客观性、普遍性和中立性等特点，其最深层次的价值取向是技术理性。

泰勒的课程与教学的基本原理主要围绕以下四个中心问题展开：

学校应该达到哪些教育目标？

提供哪些教育经验才能实现这些目标？

怎样才能有效地组织这些教育经验？

我们怎样才能确定这些目标正在得到实现？

泰勒并不试图回答这些问题，因为具体的答案是因学校性质，教育阶段的不同而有所差异的。他只是想提出研究这些问题的方法和程序。

2. 过程课程理论及应用基本思路

后现代课程理论是对现代课程理论的反思与批判，它是一种前瞻性的改革思潮。后现代主义课程反对整体性、同一性，强调不确定性、内在性；反对静止、封闭的知识观，强调知识的多元、开放以及人的主体差异性。后现代课程论的代表人物是美国课程论专家多尔，他提出了后现代课程观中的四个核心标准——4R，即丰富性（Richness）、回归性（Recursion）、关联性（Relation）和严密性（Rigor）。

丰富性是指课程应具有适量的不确定性与不平衡性，每一门学科都有自身的历史背景和基本概念，因此每一门学科都应该以自己的方式体现丰富性，以多样化的教学元素创造教学的多种可能性。

回归性也叫作循环性，强调对过去进行积极的反思，课程在不断回望反思中，终点又可能成为新的起点，形成回归性反思，促使课程既具备稳定性，又处于不断变化与完善中。

关联性一方面指不同学科之间的相互联系和同一学科前后内容之间的联系，另一方面指课程要与其产生的文化背景相联系。

严密性是四个标准中最重要的，即概念的重新界定。与现代主义强调客观、可测量和可操作性不同，多尔的严密性是解释性的、不确定性的，即有目的地寻求不同的选择方案、关系和联系，以及自觉寻找这些假设及其协调通道，促使对话成为有意义的和可转变的。

除此之外，多尔还认为，在师生关系中，平等的对话关系很重要。因此，教师应成为"平等者中的首席"，教师应该由"课程的实施者"转变为"课程的创造者和开发者"，从"独奏者"过渡到"伴奏者"的角色，师生之间是一种交往和共同创造意义的关系。

（四）将"社会学原理"贯穿课堂教学

1. 合作学习思想与教学路径

合作学习（Cooperative learning）是20世纪70年代初兴起于美国，并在20世纪70年代中期至80年代中期取得实质性进展的一种富有创意和实效的教学理论与策略。由于它在改善课堂内的社会心理气氛，大面积提高学生的学业成绩，促进学生形成良好非认知品质等方面实效显著，很快引起了世界各国的关注，并成为当代主流教学理论与策略之一，被人们誉为"近十几年来最重要和最成功的教学改革"。自 20 世纪 80 年代末 90 年代初开始，我国也出现了合作学习的研究与实验，并取得了较好的效果。

合作学习是一种结构化的、系统的学习策略，由 2 名—6 名能力各异的学生组成一个小组，以合作和互助的方式从事学习活动，共同完成小组学习目标，在提高每个人学习水平的前提下，提高整体成绩，获取小组奖励。

当前，国内外普遍采用了以下几种合作学习的学习方式。

——问题式合作学习

问题式合作学习是指教师和学生互相提问、互为解答、互作教师、既答疑解难又能激发学生学习兴趣的一种合作学习形式。这种合作学习模式又可分为生问生答、生问师答、师问生答、抢答式知识竞赛等形式。在实施教学时，教师应根据学生的学习心理特征设置问题。

——表演式合作学习

表演式合作学习即通过表演的形式，激发学生的学习兴趣，培养学生自主探究的学习品质，或作为课堂的小结形式，检验学生对所学知识的理解。

——讨论式合作学习

讨论式合作学习即让学生对某一内容进行讨论，在讨论的过程中实施自我教育，以达到完成教学任务的目的。

——论文式合作学习

论文式合作学习是指教师带领学生开展社会调查实践，并指导学生以论文的形式汇报社会实践的结果。此类活动一般每学期举行 2 次—3 次，重点放在寒暑假。

——学科式合作学习

学科式合作学习是指将几门学科联合起来开展合作学习。如语文课学了与春天有关的文章，教师可让各学习小组围绕春天去画春天、唱春天、颂春天、找与春天相关的各种数据、观察与春天相关的各种事物等，最后写成活动总结。

2. 系统思考思想与教学应用

彼得·圣吉《第五项修炼》的核心是强调以系统思考代替机械思考和静止思考，并通过了解动态复杂性等问题，找出解决问题的"高杠杆解"。内容涉及个人和组织心智模式的转变，它深入哲学的方法论层次，强调以企业全员学习与创新精神为目标，在共同愿景下进行长期而终身的团队学习。

第一项修炼：自我超越。自我超越的修炼是学习型组织的精神基础。精熟自我超越的人，能够不断实现他们内心深处最想实现的愿望，他们能够全身心地投入、不断创造和超越，是一种真正的"终身学习"。这项修炼对于组织中整体价值观的形成，对于组织成员对组织目标的认同，对于提高组织的学习能力具有重要的作用。

第二项修炼：改善心智模式。心智模式是根深蒂固于心中，影响我们如何了解这个世界，以及如何采取行动的许多假设、成见。在管理的许多决策模式中，决定什么可以做或不可以做，也常是一种根深蒂固的心智模式。对于个人而言，心智模式对于提高学习能力和智力水平具有重大影响，因此，我们也可以将组织的心智模式视为影响组织学习能力和组织智商的重要因素。心智模式的修炼同时又可以提高组织的应变能力，使得组织在变动的环境中持续成长。

第三项修炼：建立共同愿景。如果有任何一项领导的理念，几千年来一直在组织中鼓舞人心，那就是拥有一种能够凝聚并坚持实现共同愿景的能力。建立共同愿景对于组织价值观的形成，特别对于组织凝聚力的强化具有重大影响，同时，这一修炼显然是组织目标形成和组织成员目标认同的必要前提。

第四项修炼：团队学习。我们用"整体搭配"，而不是用"同意或一致"的概念，来掌握团队学习的精髓。当团队在真正学习的时候，不仅团队整体产生出色的成果，而且，个别成员成长的速度也比其他的学习方式要快。团队学习之所以重要，是因为在现代组织中，学习的基本单位是团队而非个人。除非团队能够学习，否则组织便无法学习。

第五项修炼：系统思考。系统思考是以一种新的方式使我们重新认识自己所处的世界：一种心灵的转换，从将自己看作与世界分开，转变为与世界连接；从将问题看作由"外面"某人或事所引起的，转变为看到自己的行动如何造成问题。学习型组织是一个促使人们不断发现自己如何造成目前的处境，以及应当如何加以改变的地方。

第三节 课程理念

一、课程文献

（一）课程概念及其国内外研究动态

在人们头脑中，课程大体存在两种含义：其一是公共框架，即根据课程标准规定的教育目的、学科门类、教学内容、年级分配、教学目标、上课时数等，这一框架似乎更多关注课程的元素及元素的组配，而少牵涉儿童的经验和兴趣、教师的意图和设想，并先行于教学活动的存在；其二是教育计划，即教师根据自己的专业性与学生认知的规律性而编制、实施的课程，教育计划不仅关注对一般教学程序的预设，而且关注教学活动可能的生成。

在我国教育现实中，课程作为公共框架的含义极强，作为师生共同体的教育计划的含义极弱。究其原因是缺乏如下的观点：课程是师生共同发现并交流教材的价值与意义，进而形成创造性学习经验的过程与产物。

一般所谓的"课程"通常是指教育内容的计划。不过，儿童实际的学习是超越了教师的意图与计划而展开的。不管计划如何，归根结底，是每一个儿童的经验才能算作课程。所以在当今教育界，"课程"的术语最广泛使用的是学习者赋有的学习经验的总体或是儿童学习的履历。我国传统的课程观是以"教师教了的内容＝儿童学了的内容"为前提的。然而现实的儿童学习经验，远远超出了教师的预测。儿童在课堂里有意无意地积累着多样的经验，因此，作为学习经验总体的课程观，要求从更广阔的社会文化的视野出发，重新把握儿童学习经验的价值。这种课程观对教师提出了更高的要求——在儿童经验的设计上体现其专业素质的创造力与构想力。

国家编制的课程就是课程标准。教科书是根据课程标准编写的，课程标准的具体化之一即为教科书。地方课程是以地方教育行政机构为主体编制的。学校课程则是各个学校分学年和学科编制的计划课程，并根据这种课程进行教学。但教师实施的课程未必就是儿童经验的课程，所以，必须依据儿童的经验课程来评价教学的成果。

在课程相关文献中一般梳理了如下三层"课程"含义，即意图的课程（基于国家标准编制的教育内容计划）、实施的课程（基于意图的课程，由学校和教师实施的内容）、掌握的课程（儿童掌握的学习内容）。学校课程实施路径总是从意图的课程出发，通过实施的课程，走向掌握的课程。而课程功能的实现，终究仰赖于教师的专业素质，特别是取决于教师对课程单元组织的把握。

课程可以分为：以目标为中心的组织样式和以主题为中心的组织样式。前者可称为阶梯型课程，后者可称为登山型课程。阶梯型的特征是系统性和效率性，学习的终点是作为目标规定好了的，学习的构成被划分成狭小的阶梯，其弱点是：整齐划一的教学、狭窄封闭的经验，一旦在某一级踏空了，就会导致"掉队"。登山型以主题为中心来组织教材与学习活动，无论选择哪一种路线，攀登顶峰是目标。即便未登上顶峰，也可以体验到学习经验的喜悦。在这种课程中，教师不是知识的分配者，而是作为"导游"引导儿童去体验与获得有意义的学习经验。

（二）特色课程概念及其国内外研究动态

特色课程不同于一般意义上的课程，它的界定取决于对"课程"这一概念理解的不同。一方面，如果把课程理解为一般意义上的学科或学习经验，那么特色课程可能指的就是学校根据学生的个性发展需求和学校发展特色开发出来的学校校本课程。这里的校本特色课程可涵盖学校所有有利于学生发展的生活指导、学业指导乃至生涯发展指导的相关课程，既包括学科课程，也包括活动课程。另一方面，如果把课程理解为后现代意义上的"学习的过程"，那么特色课程的内涵界定则可理解得更为宽泛，它可上升到相关课程实施过程中的特色化，即课程的特色，甚至包括学校在制定课程方案过程中的特色化措施所形成的课程组合方案，它主要是针对课程结构上的多样化选择性地重组、优化。鉴于此，国内的学者石鸥教授把高中特色课程界定为在先进的教育思想引领下，根据学校办学理念，学生的需求与发展为核心，地域、社区与学校资源为依托，经过较长的课程实践，形成和发展的具有独特性、整体性和优质性的课程、课程实施或课程方案。

（三）校本课程概念及其国内外研究动态

"校本课程"（School-Based Curriculum, SBC）一词最早出现在我国是源于学者对课程理念的转变和全面推进素质教育决策的实施。素质教育的推进不断对教育进行改革，校本课程的发展就是得益于国家课程管理体制的变革过程。1985年5月《中共中央关于教育体制改革的决定》颁布，确定基础教育管理实行"地方负责、分级管理"的基本方向。随后国家发布一系列文件，逐渐明确我国课程三级管理体制，给地方教育部门以及学校课程管理一部分权力，旨在提高课程的地方适应性，破解"教材改革一刀切"的困境，强调在统一要求的前提下，允许地方和学校根据自己的情况开发地方特色校本课程。经过多年研究与实验，1999年6月颁布的中共中央、国务院《关于深化教育改革全面推进素质教育的决定》中，明确提出"调整和改革课程体系、结构、内容，建立新的基础教育课程体系，试行国家课程、地方课程和学校课程"。

其次，新一轮基础教育改革，明确了三级课程管理体制。2001年5月颁布的《国务院关于基础教育改革与发展的决定》，提出"实行国家、地方、学校三级课程管理。"在2001年6月教育部颁发的《基础教育课程改革纲要（试行）》中，再次明确课程管理改革的目标："改变课程管理过于集中的状况，实行国家、地方、学校三级课程管理，增强课程对地方、学校及学生的适应性。"

（四）项目式课程概念及其国内外研究动态

项目化学习的界定很多。巴克教育研究所、斯坦福大学的达林·哈蒙德教授，以及学习科学领域的克拉斯克等人对此都有过阐述。他们的研究大多强调这些要素：真实的驱动性问题；在情境中对问题展开探究；用项目化小组的方式进行学习；运用各种工具和资源促进问题解决；最终产生可以公开发表的成果。对项目化学习的界定，阐述比较详细的是巴克教育研究所：学生在一段时间内通过研究并应对一个真实的、有吸引力的和复杂的问题、课题或挑战，从而掌握重点知识和技能。项目化学习的重点是学生的学习目标，包括基于标准的内容以及如批判性思维、问题解决、合作和自我管理等技能。基于这个界定，巴克教育研究所提出了项目化学习的八大"黄金准则"：重点知识的学习和成功素养的培养；解决一个有挑战性的问题；持续性地探究；项目要有真实性；学生对项目要有发言权及选择权；学生和教师在项目中进行反思；评论与修正；项目化学习成果的公开展示。托马斯、康德利夫等人评论了30多年来项目化学习重要的研究成果，发现高质量的项目化学习和学生的学习质量间存在积极正向的关系。那么，这些高质量的项目化学习有什么特征呢？按照课程的要素整合如下。

素养目标。项目化学习指向的目标是综合统整的，在探究问题完成项目的过程中，学生调用所有的心理资源，达成深度理解知识、发展能力、培育态度和价值观的素养目标。尤其重要的是，项目化学习增加了学生接触、探索"大观念"的机会。项目是课程，是主要的教学策略。学生通过项目来学习重要的观念、概念、能力，而不是将项目作为传统课程结束后的展示、表演、附加实践或例证。

驱动性问题。驱动性问题是项目化学习的核心要素。因为驱动使整个项目活动保持持续性和一致性。学生的项目化学习是通过驱动性问题黏合在一起的。

持续探究。项目化学习的历程是持续探究解决驱动性问题。探究包含调查、知识建构和问题解决，可以是设计、决策、发现问题、解决问题、建立模型等。探究意味着有大量的学生自主选择、非监控的工作时间、责任。最重要的是，这些探究的过程不是孤立的，而是围绕驱动性问题逐步深入的。

全程评估。评估保证项目化学习的质量和素养目标的达成。评估既包含对项目化学习的成果进行评估，也包含对项目化学习过程中展现出来的探究、实践等进行评估。从研究评论来看，研究者们关于项目化学习的核心观点还是比较统一的。

基于上述内容，学习素养视角下项目化学习的界定：学生在一段时间内对与学科或跨学科有关的驱动性问题进行深入持续地探索，在调动所有知识、能力、品质等创造性地解决新问题、形成公开成果中，形成对核心知识和学习历程的深刻理解，能够在新情境中进行迁移。[1]

（五）智慧创新课程的国内外研究动态

关于"智慧教育"的研究，国内外许多学者进行了探索。米兰·泽勒尼认为智慧是询问"为什么"的艺术；安德烈·安托万用 DIKW（Data，Information，Knowledge，Wisdom）模型表示资料、信息、知识、智力、智慧五元素的关系，分析了实现智慧教育的梯度以及各梯度间的核心要素；王娟指出"智慧教育是信息化教育发展到高级阶段的教育新形态，强调信息技术的整合运用、教育系统的生态重构以及创新型智慧人才培养"；靖国平认为，人类教育活动中，知识与智慧表现为"同———分化—统合—转化"四种关系形态和四个历史阶段，并提出"转识成智"是当代教育发展的一种价值走向；夏学銮提出态度的三维结构，即

---

1 夏雪梅.项目化学习设计：学习素养视角下的国际与本土实践[M].北京：教育科学出版社，2018.14–15.

情感、行为和认知三个维度。

当今以大数据、物联网、云计算、无线通信网等数字化媒体和泛在网络为标志的新媒体经济时代，学生的"智慧"大致体现在三个维度：一是在道德概念上的健全的人格，即健康的身心、高尚的道德、完善的人格；二是从认知概念上具有国际视野、慎思思辨能力以及独立的信息处理能力；三是信息素养，即具有多元数字读写能力，发展创新能力、解决问题的能力以及终身学习能力等。因此，"转识成智"、发展认知思维、提高德性素养对"智慧"的生成起着至关重要的作用。

二、课程主张

（一）精致教育思想内涵

什么是教育？教育，字面解释，"教"即传授，"育"即培养，指培养学生全面发展。《辞海》第 6 版彩图本，第 2 卷第 1102 页，指出：教育，广义指以影响人的身心发展为直接目的的社会活动。狭义指由专职人员和专门机构进行的学校教育。教育随社会的产生而产生，是个人与社会发展必不可少的手段，为一切社会所必需，又随社会的进步而发展，教育受社会政治、经济、文化等方面的制约，也对社会整体及其诸多方面产生影响，教育还受制于人的身心发展规律，原始社会的教育局限于年轻一代，在生产和生活实践中进行。奴隶社会出现独立的教育机构学校。在阶级社会里，一切统治阶级都利用教育来巩固政权。社会主义社会的教育是建设社会主义和促进人全面发展强有力的工具。现代社会经济和科学技术的高度发展，提出了教育终身化、全民化、信息化的要求，教育在个人和社会发展中的作用日益重要。

精致教育作为一种特色教育，它体现了学校办学育人的核心价值观念，彰显了学校的办学个性，是催生学校教师专业成长和学生生命发展的深厚土壤，也是学校人文传统和优良校风的根本之源。

精致教育的最大意义不在于界定了好的教育的应然状态，而是为我们的教育事业注入了一股精神动力，为我们的教育人生树起了一座价值标杆。它重视的是精致的教育态度，要传达的是一种生活哲学、管理哲学与价值。如果把精致奉为信仰，教育就会止于至善，此乃大学之道也。

一是主张精细致密。围绕教育管理、教育教学、教育活动、教育环境等方面，强调细致化，以科学的精神和严谨的态度对待日常各项工作，使学校教育教学方面面逐步从粗放走向集约，从粗糙走向严谨，从规范走向精致，促进学校高位高质发展。

二是主张注重过程，追求过程的完善。老子《道德经》中说，"天下大事，必作于细"，教育也不例外。精致教育就是强调教育每个环节的整体规范、到位，从重结果到重过程，关注细节对学生健康成长与个性发展的重要意义，争取让教育的每个阶段、每个领域、每个环节都体现细微处的精致，使师生在教育教学过程中能够感受到幸福和愉悦。

三是主张尊重生命差异。强调教育目标的个性化和精准化，努力为每个学生的健康成长量身定制适合发展的目标，满足每个学生生命成长和多元发展需要，关注并尊重学生个体间客观存在的个性差异，积极为学生的个性化发展创设多种条件和机会，充分挖掘学生多方面的潜能，使不同层次学生在原有基础上都能获得最大限度发展。

四是主张实践创新。一成不变的教育一定不是精致教育，精致教育的核心价值就是创新。强调与时俱进，不断推陈出新，是追求精品、走向极致的创造过程。坚持遵循教育教学基本规律，围绕教育思想、实践策略、教学行为、学习方式等，在继承学校优良传统的基础上不断寻求创新，力求探索出更加符合学生成长规律、适应时代需求的有效育人路径方法，实现教育学生学会知识技能，学会动手动脑，学会生存生活，学会做人做事，促进学生主动适应社会，开创美好未来，在实践中实现精进发展。

（二）精致课程主题的提出

精致课程是学校选择落实精致教育，体现精致文化思想的实践载体。

学校精心设计更适合学生的课程，尊重每一位学生的成长经历和个性发展的差异性，关注每一位学生的兴趣、爱好和特长，秉持"为每一个学生终身发展奠基"的办学宗旨，坚持"开启智慧、润泽生命"办学理念，提出"点燃创新思维，展现创造能力，厚实人文底蕴，走向未来世界"的课程理念，以此指导学校精致课程建设，构建形成基础课程、地方课程、校本课程深度融合的蝌中精致课程体系，全面实现培养"具有家国情怀、国际视野、创新精神、精彩绽放"的蝌园学子的课程育人目标，不断提升学校内涵品质。

学科课程，指国家规定开设的基础教育课程。如，语文、数学、英语、物理、化学、历史、地理、生物、道德与法治、体育、音乐、美术等。落实学科课程教学，学校追求“尽精微，致精优”的教学理念，把精致落实在每一节课堂、每一次教研、每一项活动中。围绕构建“高效致简课堂”目标，从“课堂教学、课堂研究”等环节进行优化，从细处入手，从微处引入，精心研究课标，精细分析内容，精准设计目标，实现教学与课标的精密衔接。以“LFEE3456”课堂实践策略作为指导思路，要求教师在实践之中贯彻执行，引导教师课堂教学更加精细化操作，从而逐步走向精致，促进精优教学效果的生成，让课堂成为师生间的对话，成为师生精彩的人生片段。

德育课程，学校坚持以德为先，深入落实立德树人的根本任务，依据五四学制对初中教学的要求，在遵循学生身心发展规律的基础上，坚持把社会主义核心价值观教育融入教学全过程，系统整合挖掘学校各种资源，构建并实施蜊中德育课程，突出学生的主动参与和亲身实践，将“置身情境、自主体验、感悟内化、反思实践”作为学校德育培养标准，让学生在多样化、个性化的课程活动中都能找到自我、发展自我，全面提升核心素养。

综实课程，依据《山东省课程设置标准》，综合实践课程包括信息技术、研究性学习、劳动与技术、社区服务与社会实践四大部分。信息技术在初一、初二年级开课，有统一的教学内容，并列入威海市信息技术考试。

地方课程，指山东省及威海市地方自主开发的课程。如，《安全教育》《环境教育》《传统文化》《科学发展观》《生涯规划》等。

校本课程，指学校自主开发，充分满足每个学生成长发展需求，为学生获得适应未来生存而终身有用的经验的环境、平台和支持。学校校本课程主要由 CIC 特色课程和个性发展课程两部分组成。

学校落实立德树人的根本任务，严格落实好国家基础型课程，通过扎实开展基础课程教学及专题教育活动，达成精优效果，有力夯实学生文化基础，培养关键能力，塑造健全人格。以特色课程为抓手，开发实施多样化课程，强调社会责任感、创新精神和实践能力，在全面发展的基础上促进学生个性发展，培养具有深厚科学素养、浓郁人文精神、强大创新能力以及广阔国际视野的新时代人才。

（三）CIC 课程内涵界定

在严格落实国家要求的课程目标的基础上，学校以特色课程建设为抓手，以创客文化为切入口，构建 CIC 特色课程体系。通过 CIC 系列课程的开发实施，引导学生展开探索性创造过程，合作学习与分享，突出对跨学科解决问题、团队协作、创新实践等能力的培养，打造"能合作、会创意；能担当、会创新；能求真、会创造"的"三能三会"新时代蜘园学子。CIC 具体阐释为：

C：Creative 能合作，会创意。学生在团队合作解决问题的过程中，分享多元化学习资源，如资料、设计、场地、环境等，进行常态化的学习实践及经验交流。

I：Innovate 能担当，会创新。学生依靠自己的智慧，依靠团队集体的力量，通过自主参与、自主管理、提出问题、动手实践，创新性解决问题。

C：Create 能求真，会创造。创客的基因是创新与创意，而不止于制造。无论是技术创客、思想创客、文化创客……都能够体现学生在学习实践之中的创造力价值。学生的创造力发展是永无止境的，学生需要具有务实求真、追求完美的工匠精神。

CIC 特色课程下分为 CIC 基础融合、CIC 拓展发展、CIC 探究综合三大类课程群，涵盖人文艺术、生活健康、科学探索、社会实践四大领域，着重指向"三能三会"创客素养的培育。CIC 基础融合课程群，立足于学科内知识整合，以已有知识的巩固与应用和新知识的探究与拓展为方向，在学科课程实施过程中落实国家课程标准的同时，将创新思维培育目标融入其中，强调学习的综合性、实践性，以及学科间的融合与渗透，加强学生创新思维和创新能力的培养。CIC 拓展发展课程群，立足于跨学科的知识统整，是培养创客素养的核心课程，旨在培养学生发现和提出问题、探究和解决问题的能力，培养学生自主与创新精神、研究与实践能力、合作与发展意识等。CIC 探究综合课程群，立足于社会实践，以研学活动为主要形式，重点体现创客教育的实践过程。

三、指导意义

（一）引领学生综合素养的发展

CIC 特色课程建设，强调课程的完整性，从课程目标、课程计划、课程实施和评价方案入手，关注课程目标落实，要求每一位学生在基础型课程学习基础上再拓展课程学习，凸显课程的建设性。

CIC 特色课程建设对课程内容要求系统全面，教学活动要求在教师引导下，通过结合课程内容和要求，从日常观摩和学习评价过程中，培养思想品德和行为习惯。同时，通过小组合作、同伴互助，学生设计、制作并完成一项小创作或小发明。不仅带给学生创新的体验，也带给教师焕发活力的体验。

与此同时，CIC 特色课程给了学生基础课程与特色课程的交流机会，增进了学生对于"学习""教学"的理解。在 CIC 特色课程学习过程中，学生的学习被注入新鲜的创造活力：动手实践、园林管理、艺术创作、身体锻炼、电脑编程或者发明创造等等，都成了学生日常学习的最好拓展学区。

（二）指导学校课程校本化建设

CIC 特色课程建设要求构建独具特色的课程体系，扩大课程选择性，提高课程实效性。为改变普通初中教育"千人一面"的状况，CIC 特色课程建设鼓励学校在国家课程方案指导下，根据自身定位和本地实际，努力建设涵盖国家课程、地方课程与校本课程，涵盖显性课程与隐形课程，涵盖常规课程与特色课程的学校特色化课程体系，多角度入手，规划符合办学目标和培养目标的特色课程，发展学校的办学特色。

可见，CIC 特色课程建设有利于改变长期以来统一的课程体系，有利于改变我国初中教育同质化倾向，便于形成我国初中学校特色。另一方面，CIC 特色课程建设理念的提出，有利于我国初中改变以往培养目标的单一性，方便学生根据自己的兴趣特长来选择适合自己发展的特色课程，有利于多角度、个性化地培养适应社会发展和学生自身发展的人才。

（三）促进课堂教学质量的提升

CIC 特色课程建设对课堂教学质量提升最直接的促进是对教师教学能力的优化，可归纳为：教学内容的模块化组织、教学过程的项目化设计、教学经验的创新性积累、教学实施的长足性锤炼。

1. 教学内容的模块化组织

CIC 特色课程根据主题由不同教师分别负责设计，不同主题的课程独树一帜，因而每一节独立特色课程都有其独特的韵味。教学过程模块化组织，让教师之间建立起了沟通、借鉴、对比分析的桥梁，有利于教师之间课程设计规划能力的取长补短。CIC 特色课程建设丰富了教师日常教学的设计方向与空间。

2. 教学过程的项目化设计

项目化设计让 CIC 特色课程建设有了发展支架。无论哪一类型的特色课程，都通过建立项目、推进项目，进而完成项目，获得成果。教师的教学设计不再是天马行空，而是在科学方法的指引下，融入地域特色与校本发展文化。CIC 特色课程建设让日常教学在向项目化靠拢的过程中变得立体而系统。

3. 教学经验的创新性积累

CIC 特色课程建设意在将创新理念融入校本设计。通过不断地提出创新理念、不断借鉴分享创新设计，负责教师对创新的理解也更上一层，所提出的观点也更加新颖实用。CIC 特色课程建设让教师的日常教学充满创新的迁移，也让创新更加完美地融入教师的日常教学设计中。

4. 教学实施的长足性锤炼

每一次 CIC 特色课程教学都是一次挑战。新的课程、新的教学方式、更少的学生、更多的反馈，无数的不一样交织在一起，编织成 CIC 特色课程实施路径。每一份项目的完结都是一次成长，一次升华。教师参与多次 CIC 特色课程迭代设计，无论是 CIC 特色课程还是日常教学，教师都将灵活应对，不惧挑战。

第二章　研究

特色品牌学校创建是山东省促进中小学内涵发展的重大举措，学校将荣成市特色品牌课程建设项目作为学校课程发展的新契机，拟定"精致教育视域下的 CIC 特色品牌课程建设项目"，并以项目行动研究方式推动学校的精致课程建设，遵循课程建设实践逻辑和项目研究基本逻辑，扎实开展精致课程建设及其实践研究。

第一节　调研

一、学生课程需求调研分析

课程开发最终是为了学生更好的发展。因此学生的发展需求是校本课程开发的一个重要依据。对学生主体作用的认识和主体地位的承认，是落实核心素养的一个本质特征。

（一）调研方案

通过整理近年学生课程需求的研究成果，提取调研维度，设计调研工具，制定调研实施计划，确定调查样本与条件。

学生需求是教育的出发点和归宿点。因此，学生的需求是课程开发的核心所在。通过访谈调查以及文献综述，对于学生的课程需要可表现在以下方面：

A 学生目前的学习需求及未来的工作需要的内容，即学习的需要；

B 学生为了适应未来社会需求所应该学习的内容，即学习的方式；

C 学习者为了有所得而必须在学习过程中做的内容，即学习的目的；

D 学习者本人所希望的从学习过程中获得的内容，即学习的情感；

E 学习过程中各要素间是相互影响的。

具体维度如下：

A 类问题调查学生课程需求中学习的需要维度的数据；

B 类问题调查学生课程需求中学习的方式维度的数据；

C 类问题调查学生课程需求中学习的目标维度的数据；

D 类问题调查学生课程需求中学习的情感维度的数据；

E 类问题调查学生课程需求中各要素间相互影响的数据。

通过前期教师访谈、学生访谈以及调研研讨，决定选初二年级学生作为分析样本最为合适。理由一，初二年级经过一年的校本课程学习，对课程需求有明确的认识，数据相对稳定；理由二，初三年级即将升入毕业班，学业压力重，对校本课程参与兴趣减弱。因此，综合多方面因素，本次调查主要选取蜊江中学初二年级 458 名学生参与调研。

（二）调研数据分析

调研数据将根据四个学生课程需求维度数据以及一个交互影响维度数据，运用"分类汇总"算法进行分析。分类汇总是按照分类变量（班级）进行分类计算，对原始数据分类做出表格形式。通过分类汇总的结果，可观察研究分组后定量数据的整体情况。

1. 学生课程需求之"学习的需要"数据分析与结论

学习需求是学生成长的内在驱动力。通过分类汇总可看出，在这一维度上，学生对课程的学习需要很高，表明学生对学校开设的国家课程有很强的认可度。其中政史地生课程认可度高于微机综实课，高于数语英和音体美，这看出同学们更喜欢更有乐趣的科目，同时表现出音体美课程的开设内容不足以满足学生的需要。初中生已经认识到学习对于自身发展的重要性，潜意识里认同并愿意参与到学习过程中。从求和的数据的呈现态势可以看出，学生对"应该开设更多的自己需要的课程"这一问题态度相对其他问题低沉许多，但是并不存在绝对落差，说明部分学生对课程开设与应试考试之间的关系并不清晰，但是大多数学生主观意识里有自己期待开设的课程，支持"学校开设的科目还有发展的可能"。

2. 学生课程需求之"学习的方式"数据分析与结论

学习方式是良好学习效果的支架。在这一维度上，显然学生对学习方式有明确的认识，也表示出对各学科的学习方式的认可。从求和数据来看，"微机课、综合实践的教学方式"明显高于其他科目，可见学生倾向于动手实践的学习方式，更向往参与到活动中来。这也是日常间接知识教学较为缺少的学习方式。数值最低的是"学习方式应该更加丰富"，但是学生对"目前的学习方式对未来的学习非常有用"的态度上非常肯定，能看出学生对目前学习方式、学习成果的认可，但是对更多的学习方式的了解显然不够。

3. 学生课程需求之"学习的目标"数据分析与结论

学习目标是能否学好一门科目的风向标。学生普遍认同"自主学习时非常需要明确的学习目标"，对于国家课程的学习方式也是普遍认同且态度波动不大。但是在"自己制订学习目标更加有效"的态度上，显得犹豫不决，信心不足。这展现出了一部分学生倾向于"听从"而不是独立安排学习，侧面地展现出了学生独立设计活动的经验较少，或者没有更多的成功经验而自信心较弱。另外，学生对"明确知道自己想通过怎样的方式学习""明确知道自己学习为了什么""明确知道自己喜欢学习什么"三个问题的态度上明显更积极，这说明，学生更倾向于用已知的学习方式完成现有任务，也说明同学们没有运用过更多的学习方式从而没有感受过突破性的进步或者变化。

4. 学生课程需求之"学习的情感"数据分析与结论

学习情感是决定学习成果的动力。这一维度上，学生的情感波动相当强烈。其中"明确知道自己的学习状态会带来怎样的前景"认可度很高，但是相对应的，学生竟然对自己学习政史地生、数语英的学习状态表示不完全认可，尤其对"自己自主学习时的状态"的态度低于任何一个科目。对于相对要求不高的微机综实、音体美课程相对较满意。这说明，学生能够明确根据特定科目学习要求调整自己的学习状态，但是没有有力的方式方法等突破现状，目前处在整体学习状态"随大流"的阶段。

5. 学生课程需求之"各要素间相互影响"数据分析与结论

学生课程需要的各因素之间相互联系，共同影响学生的学习效果。这一维度中学生清晰地明确学习需要、学习目标、学习方式、学习状态都是取得更好的学习结果必不可少的要素，其中，认同度最高的是学习方式。也可以说，在各变量相似的情况下，学习方式产生的影响是最大的。这组数据也显示出一定问题。在"你认为自己需要一门激发学习需要的课程"这一问题中出现了 4.592 的最低数据，而另外的 9 组数据均远高于这一数据。可以看出，大部分同学都参与了设计更多优化学习方式、丰富学习经验的课程，而少部分同学因为各种原因对"需要课程"这一概念理解有偏差。在真正的课程开发实践中，集体带动力与凝聚力将弥补这一数据展现出的不足。

通过以上数据以及相关分析可以得出结论，学生对国家课程有明显的需求倾向，也明确课程学习与个人成长的必然联系，希望通过多种学习方式丰富学习情感，将学习状态调整到最佳。同时，学生数据也表现出了学生对课程开发、学习方式的了解程度不足。可以通过 CIC 课程设计与参与激发学生对开发自身兴趣与潜力的内驱力。

二、教师课程能力调研分析

教师课程能力主要集中在教师角色的转变。课程开发理论离不开教师的角色概念，教师是校本课程开发、实施与评价的主体。因而要注意不能过度注重学生需求，避免演变为单纯以活动为主的课程内容。

通过整理近年教师课程能力的相关研究成果，提取调研维度，设计调研工具，制订调研实施计划，确定调查样本与条件。

根据李瑞的研究，教师课程能力是教师为了完成一项课程计划，基于已有的课程知识、技能和经验，在将头脑中的课程意识转化为课程行为的活动过程中所表现出来的个性心理特征，这一表现过程以课程资源（包括教科书及其他教育资源）为媒介。[1] 它是教师素养的重要组成部分，在对课程目标与价值的实现以及课程运作的过程中发挥着重要作用。

李瑞通过理论分析与多方调研，形成了教师课程能力结构模型。六种能力成分之间不是绝对分离、相互对立的，而是彼此相关、相互影响，但又存在一定的相对独立性的。六种能力成分各自具有自身的测量指标体系，能力体系中的各个维度要素构成了教师课程能力整体，其中一种具体课程能力的缺乏会影响教师课程能力的整体发挥。

三、学校课程资源现状分析

校本课程开发、实施是以学校为重要场域，构建学校特色需要调查学校课程资源现状。校本课程基于国家课程与地方课程，以本土文化以及校本资源为动力生长建设起来。现有课程资源是学校课程资源现状的基石。学校也必须充分认识到自己在课程开发中的主体地位与责任，发挥其支架性作用。学校课程领导力也

---

1 李瑞. 中小学教师课程能力结构与特点研究 [D]. 济南：山东师范大学 , 2020.

是学校课程资源的必然组成部分。

（一）学校课程资源分析

整合现有课程资源，是实现校本课程精致发展的第一步。国家课程的落实是学校发展的最基本动力。融入了荣成市地方政策的发展，学校实行"每日课表"，即根据每天具体配当，具体调整课表，实现课程灵活落实、充分落实、有效落实的目标。

山东省人杰地灵，荣成又地处海滨，工业园区发展蓬勃，地方课程资源因此非常丰富，校本课程也大多依托于此，地方课程逐渐校本化。学校的课程在满足国家课程内容要求的基础上突出精致教育的理念，逐渐发展成了以社团活动为载体的课程蓝图。

学校课程资源的发展也具备很大的潜力。一方面，学校立足课程视角，定位学校课程体系，包括课程价值、目标、内容、实施和评价。另一方面，学校在实践中转变对课程功能的认识，即由学生适应课程转向课程适应学生，由组织学习内容转向设计学习经历，由注重升学奠基转向着眼终身发展。为丰富课程内容，学校注重各个学科的建设，提高教师的课程设计和开发能力，为学生个性化学习、多元化发展提供支撑。在课程实施中，聚焦影响课程教学效能的关键性因素，践行课堂教学六要素，既定目标、备单元、精问题、促师友、深思维、析评价，促进师生教与学方式的转变，丰盈学校课程资源。

（二）学校物质资源分析

以学生最熟悉的教室环境为例，教室的物理环境首先只是一种工具性的课程资源，并不必然具有育人价值。当它要成为一种人文性课程，需要人为赋予它一定的价值内涵并转化为班级文化的一部分，即让它承载一定的育人价值，这样的环境才成为学校课程的重要组成部分。学校物质资源包括显性的物质教育资源与隐性的物质教育资源。

显性的物质教育资源是学校内存在的、时刻影响课程实施的资源。如教学楼、教具、教材、校园环境等。隐性的物质教育资源以文化影响的形式加入课程资源中。如校园景观、图书角、实验室、礼堂、电教室、布告栏、报栏、各种标牌广告、国内外重要事件等。另外，地域文化是以缄默的姿态融入课程资源的，如独特的人文景观和风土人情、世代传承的红色精神等。

（三）学校课程领导力分析

1.课程思想力：学校有正确的办学理念、思想、哲学，始终以学生发展为本，校长、教师、学生统一思想，形成共同的愿景，民主决策，这些都是学校课程思想力的重要体现。

荣成市蜊江中学，创建于1995年，是一所市直公办初级中学，坐落在风景秀丽的蜊江港畔，毗邻市委、市政府，地理位置优越，人文底蕴深厚。学校落实立德树人根本任务，秉承"为每一个学生终身发展奠基"办学宗旨，坚持"开启智慧、润泽生命"办学理念，打造"创意（creative）、创新（innovate）、创造（create）"的CIC特色品牌，全力培养具有"家国情怀、国际视野、创新精神、精彩绽放"的蜊中学子，让学校成为师生创造奇迹、绽放精彩的地方。

我校现有教职工171人，166人为大学本科学历，5人为硕士研究生学历；中高级职称教师107人；威海市级教学能手9人，学科带头人4人，荣成市级教学能手15人，名师团队成员32人。全校教师平均年龄44岁。其中，30岁—35岁30人，36岁—45岁81人，他们均从事一线教学工作，是学校师资队伍的绝对主体。从教师成长角度看，他们正处于熟练期、经验层，专业基础扎实，有一定经验积累，对教学较为熟练。从人生发展角度看，他们正处于精力最旺盛，思维最活跃，创造力最强的阶段，是学校校本课程建设强有力的后盾。

学校坚持"开启智慧、润泽生命"的办学理念，站在培养全面发展的高素质学生的高度，提出"没有特长的学生不是合格毕业生"的口号，在培养学生健康个性、活跃思维、创新精神和实践能力等方面勇于探索。以"习惯养成"为切入点，培养学生良好的品德、礼仪、学习、卫生、劳动等习惯；以30多个学生社团为依托，以每年一届高水准的校园科技文化节为平台，通过"读书节""科技节""艺术节""体育节"等大型活动，培养"有修养、爱生活、爱学习、有追求、有特长"的学生，各级各类科技、艺体比赛捷报频传。

学校坚定"没有差生，只有差异"的学生观，确立"面向全体，不放弃每一个学生"的教学观，以"以学为主　自主探究"为基本模式创建"生命化课堂"。通过先周双节备课、导学提纲、小组合作评价等制度的探索实施，把培养学生学习习惯和提高学习能力作为教学成功的标准，使课堂成为教师和学生共同学习、共同成长、发展个性、增长智慧、丰富情感、健全人格的生命绿洲。

近年来，随着教育理念的提升，教育设施的更新，教学环境的改善，师资水平的提高，学校深入推进教育教学改革，在探索中提高，在实践中深化，大大提升了蜊江中学的办学声誉。学校的各项工作已驶入良性发展的快车道，教育教学工作成果显著，赢得了社会各界的广泛好评。先后被授予"山东省规范化学校""山东省绿色学校""山东省素质教育先进单位""威海市文明单位""威海市课程改革先进集体""威海市教育科研先进集体"等称号，连续十余年被评为荣成市教育质量先进单位。

2.学校课程设计力大致体现在以下几个方面：规范办学能力、校本化设计能力、课程逻辑性、具体化能力。

在规范办学上，我校在坚持"国家课程开足开齐、求精求实"的前提下，以"校本课程重视丰富多样、品质内涵、凸显特色"为原则，至2018年，本校教师参与开发20多门校本课程：一方面是限定必修课程，由学科拓展课程、各类专题教育课程以及综合项目课程组成；另一方面是知识拓展类和身心健康类课程，如《阳光心理》《蜊园诵读》《快乐阅读》《引桥课程》等学生自主选修的课程。

校本课程旨在充分利用教材，进行了课程落位的跨学科整合，加强学科间有效联系，建构各学科课程资源整合利用及其相互衔接的课程结构，编撰形成多门整合课程，突出学生的实践参与，满足学生全面发展需要。同时，从建立开发制度、规范开发程序、明确开发内容、制定开发考核评价办法等方面入手，开发形成数量众多、种类丰富的拓展型、探究型课程，为学生提供了多元化选择空间。

为持续推进课程逻辑转型升级，推动课堂教学改革深入发展，学校对课堂六要素做了进一步优化与凝练，引导教师将教学视角从课内延展至课外，确立形成以"定目标、备单元、精问题、深思维、促师友、析评价"为核心的课堂六要素3.0版，有效深化"致简课堂"建设，促进学校教育教学质量再提升。

要素一：定目标。

目标要分类：目标要依据课标、学情、教材，分三层设置，可操作、可观测、可评价。

叙写要规范：目标陈述包含四要素，行为主体（学生）、行为条件（通过……）、行为动词（能知道、记住、理解……）、表现程度（熟练、准确……）。

要素二：备单元。

单元备课要整体建构：一是基本要素应包括统领化的主题，素养化的学习目标，结构化、进阶化的学习任务，全程化的学习评价；二是备课组集体研读课标，从单元整体出发解构教材，分析单元的编写体例及设计意图，明确各单元所含教学模块与具体内容，厘清各单元基本教学要求和教学重难点，梳理单元线索，整合教材内容。三是要备好问题，主要是检测题知识点的分布、题型的设置、系数的安排等。

实践路径要清晰明了：明确单元基本信息—呈现课标相关表述—明确单元核心素养要求—确定单元主题与目标—确定课时分布—形成分课时教学设计—组织单元教学总结评价—复盘反思做好修改完善。

要素三：精问题。

题目设计要精准：一是教学设计要包含驱动问题、问题链、问题群，问题设计要排序合理，有梯度；二是课堂教学以核心问题为导向，以分析问题为线索，以解决问题为驱动，逐步形成解决问题的策略，实现知识的建构；三是题目与目标要一一对应。

提问问题要优化：一是课堂提问少提"是什么"、多问"为什么"、精提"做什么"，打破学生头脑中的惰性，激起思维的波澜，引发学生多元思考；二是善于追问，要有解决问题的方法和思路指导，引领学生把思维过程转换为智慧的沉淀与学习方法的运用。

要素四：深思维。

思维导图要常态：要坚持运用学科思维导图做知识章节整理图、易错题分析图、学科预习图、学科复习图等，实现思维可视化、结构化，指导学生经历深度思维的历程。

思维导图要创新：要结合学科特点推进思维导图与课堂教学的融合创新，文科重点落实依托学科思维导图进行学科专项内容的读题、析题及解题的架构分析；理科重点关注解题思路的可视化分析，帮助学生形成解决问题的思维方式。

要素五：促师友。

合作环节要重实效：一是自主学习阶段，师友根据导学案相互检查纠错，师讲方法与思路，生说做法与理解；二是互助学习中，师友代表轮流发言，强化说出来讲明白，互相帮共同促；三是互动巩固环节，师友总结本节知识结构、方法或规律等。

师友评价要重激励：一是教师要对师友进行有效的巡查、指导、培训，激发师友责任意识；二是建立"自主、合作、探究"的学习方式，实行捆绑评价，落实年级管理积分，定期表彰激励。

要素六：析评价。

评价要规范：一是坚持教学评一致性原则，评价练习要与学习目标高度匹配，与教学内容相呼应；二是评价设计要尊重学生差异和思维发展，日评价精选具有典型性和代表性的习题，周评价包含本周错题二次补偿性练习。杜绝惩罚性、机械性、重复性、低认知的超负荷练习。

评价要精准：一是教师必须先研先做，了解习题的难易程度、所需时间、规范格式、容易出错的地方和适宜的学生群体，做到评价习题适量且具有针对性；二是教师要做到全批全改，要包含书写等级和质量评价，鼓励使用评语；三是对不同群体学生实行面批面改、精准辅导、靶向跟进，要深入分析学生不能完成的情况，给予有针对性的指导并及时调整。

评价要分析：一是要对作业、练习及小测批改过程中发现的问题进行即时有效的教学研究、反思，归纳学生共性错误，做好批改记录，为后续讲评和学习改进积累资料；二是对练习中存在的错误应要求学生订正，并做好二次批改工作。

在课程规划建设的基础上，教育研究也硕果累累。近十年来，研究实施了2个国家级、3个省级、11个地市级课题，以及近20个县区级课题，并顺利结题。同时有12项课题获省市县教育创新成果奖。开展的"生命化引桥课程的开发设计与实施的实践研究"，为学科知识的有效衔接贯通，提高教师教学有效性提供了有益借鉴；"聚焦核心素养的蜊园悦读课程建设的实践与探索"，提供了学生阅读实践路径和方法、评价体系建构等的经验指导……学校形成了浓郁教科研氛围，获评"威海市教育科研先进单位"，召开了2次科研成果推广现场会，12次在各级各类会议上做经验交流和培训讲座。校长被评为"齐鲁名校长"，30余名教师成为区域名师、骨干，近70名教师获得各级教育创新成果奖，教科研能力整体显著提升。

3. 学校课程执行力具体体现在：组织实施能力、协调能力、专业指导能力、课程资源供给力。

蜊中制度管理将精致教育理念深入渗透，落实主体明确，争建一流教师团队。建校以来，逐渐形成了全方位多角度的《荣成蜊江中学管理操作手册》，将各岗位责任明晰，各部门关系厘清，避免责任不明导致的工作迟缓。一切为了教育，只有更精简准确的管理机制，才能将精力更合理地用于课程研究与建设之上。

蜊江中学教师团队建设精致专业，《荣成蜊江中学管理操作手册》中有明确的团队建设制度：教育科研常规工作考核细则、教育科研管理操作办法、教育科研学习制度、课题研究管理条例、教职工学习制度、青年教师培养指导制度等。

如在青年教师培养指导制度上，为促进青年教师迅速成长，为青年教师在教育、教学工作岗位上脱颖而出创造条件，为学校可持续发展奠定人才基础，以人才促发展，进一步提高学校教育教学质量，特制定我校"青蓝工程"实施方案。聘请一批师德高尚、经验丰富、教育教学成就突出的优秀骨干教师为我校八年教龄以下青年教师的"导师"，采取师徒一对一的结对子方式。学校举行隆重的"拜师会"，师徒双方当场签订协议书。

通过"青蓝工程"方案的实施，充分发挥其育人功能，给学校的教师搭建互帮互学的平台，促进青年教师迅速成长起来，勇挑重担，独当一面，逐渐使他们向骨干型教师发展，促进我校全体教师队伍整体素质的提升，进一步提高我校的教育教学质量。

a.定期召开青年教师培养工作会议，研究分析青年教师发展状况，加强对"青蓝工程"实施的组织、管理、指导。

b.选配好指导老师，督促落实师徒结对。

c.组织落实方案，加强对活动的全程、全面、全员管理。

d.负责对"青蓝工程"工作进行考核评定和先进表彰。

除青蓝工程，我校积极采用专家引领，开展校际沟通、联盟教研、专家进校、情商导航、送教下乡等多种方式提升校本专业指导能力。

在课程资源供给上，我校毗邻市政府，环境优美宜人，社会教育资源丰富。周边有市博物馆、群文活动中心、尹航爱心志愿者协会、交警大队、市图书馆、城市书房等公益活动中心或企事业单位，还有桑干河植物园、樱花湖、湿地公园等自然资源，为学生开展实地考察、实践体验提供保障。哈尔滨理工大学（荣成学院）、威海海洋职业学院等高校、市中小学生综合实践教育中心、海洋食品博览中心、固废综合处理产业园、歌尔创客中心、荣成市乐高机器人俱乐部等，都与学校建立了合作关系，为学校提供课程建设的人力和技术资源保障。同时，我校学生家长多数来自各机关事业单位，学历层次、整体素质相对较高，是课程建设的优质资源和有力支撑。荣成市政府高度重视基础教育改革，设立"永怀教育奖"，鼓励学校及教师参与教育改革创新。

4.学校课程评价能力。学校课程评价是学校课程计划的最后一个环节，也是新的计划的第一环节。学校课程评价能力，具体体现在：开展发展性评价、具有测量分析能力、监控能力、完善促进能力。

学校课程评价中的发展性评价主要体现在学校的教研制度之上。教科研的目的是推进新课程实验的实施及提高教师素质。因此，教科研的立足点必须放在教学和课程改革中所遇到的实际问题上；着眼点必须放在理论与实际的结合上；切入点必须放在教师教学方式和学生学习方式的转变上；生长点必须放在促进学生发展和教师自我提升上，努力推进新课程改革。切实加强对新课程实验教学研究工作的领导，校长负总责，教导处、教研组负责具体抓，建立层层管理、逐级落实、全员参与的教学研究管理与活动机制，确保教研工作落到实处。

同时《蜊江中学教育教学质量监测评价方案》也是发展性评价的一部分。方案指出，教学质量监测与评价是以实现在全市范围内全面实施素质教育，整体提升教学质量为目标。通过对影响教育教学质量的各相关要素进行系统、科学、有效的监控与评价，为学校实施素质教育，落实新课程标准，改进课堂教学，提高教学质量提供服务；为教育行政部门做出教育教学改革与发展的决策提供依据。

教学质量监测评价以导向性、综合性、实效性为原则，评价内容为学生成长、教师进步、学校发展三个方面。评价主要方式为教学信息监控、教学督导评价、专项监控评价。通过实地观察、访谈、学生学业成绩测评等途径，保证政策落实、课程评价发展有效，以提高教育教学质量，在促进学生成长、教师进步、教学改进、学校发展的过程中，发挥其应有的作用。

学校课程评价的测量分析主要通过教师考核表现出来，这一点，蜊江中学有相关的方案作为评价量规。评价内容分为：

职业道德（实分20分）：学生评议（4分）教职工评议（6分）领导小组评议（10分），各项分别有详细的评议方法。

职业能力（实分20分）主要考评教师实施教育教学的各项专业技能，包括教育能力、教学能力、教研能力和专业发展能力等方面内容。

工作表现（实分15分）主要考评教师的履职行为，包括工作量、德育工作、教学常规、班级管理等方面内容。

工作成效（实分45分）主要考评教师完成岗位职责的效果，包括育人效果、教学效果和教研效果等方面内容。

完备的保障机制是看学校课程评价能力的闭环式展现。蜊江中学具有完备、灵活、人性化的课程完善促进机制：

首先是体制保障。学校建立了教师专业发展工作的考评制度，定期对教师专业发展工作进行汇报、评估、监控，及时总结成绩和不足，推动这一工作，把教师专业发展纳入个人业务考核。同时继续完善师资队伍建设制度，使学校课程评价建设持续更新。培训制度也不断优化，使培训活动常态化、多样化、长效化，教师通过各类培训，水平能在原有基础上得到提高。

其次，组织保障也是重要的一环。学校成立教师专业发展领导小组。由校长任组长，为教师专业发展的第一责任人；各级部主任为组员，负责教师专业发展工作的组织落实、指导、监控、评估，实行岗位责任制。持续开展专题学习活动，为教师推荐优秀的专业书籍，指导教师阅读，并组织活动帮助教师将阅读体会融会在实践活动中，完成从理论到实践的转化。同时，学校为教师专业发展提供丰富的平台，定期举行专业竞赛、交流活动，如，威海智慧云平台、山东专业技术人员继续教育平台学习强国平台等，为教师的成长提供保障。

第二节 论证

一、文化引领与课程建设

（一）精致文化与特色课程品牌

苏霍姆林斯基说："学校必须是一个精神王国。"这里所说的"精神王国"就是学校的文化。学校文化引领学校教育的发展，没有文化的教育不是真教育。一所学校的发展，除了需要有满足所有教育要求的硬件外，更多地还要有文化的渗透和支持。它就像建筑物一样，当建筑物建立起来以后，尽管我们看不到那些发挥支撑作用的柱子、横梁与钢筋，但如果缺少了他们，建筑物就会随之而倒塌。所以，与学校有形的硬件相比，文化作为学校无形的软件，它也是学校重要的财富，是学校发展的动力之源。我们必须要提炼好学校文化。

通常认为，学校文化是学校组织成员的精神皈依，是信念、观念、语言、礼仪和神话的聚合体。学校文化是在长期的办学实践中创造、积淀、发展而成的，体现在学校的一切教育行为中，包括学校环境、制度以及师生的价值观念和行为方式等。它借助学校的校训、校歌、校徽、校旗、学校吉祥物，以及校风、教风、学风的语言等全部的文化系统表达着，被学校里各种物质载体承接、转译着，如建筑、Logo、色彩、绿化、教室、课桌、座椅、装饰、校服、网站甚至校徽、纸杯等。

我校自建校起，一直非常重视学校文化建设，坚持"为每一个学生终身发展奠基"的办学宗旨，根据"开启智慧、润泽生命"的办学理念，不断挖掘"精致教育"的核心精神，结合学校实际，确立了精致文化为学校的特色文化，通过开展精致文化建设项目，将精致文化深深植入学校环境和师生教育教学活动中，植入学校课程改革和学生成长体验中，努力使精致的核心理念发展为每一位师生的生活理念和价值追求，让学校成为师生创造奇迹、精彩绽放的地方，实现"精致教育成就精彩人生"的办学愿景。

精致文化体现了现代教育的基本观念，即以人为本，尊重每一个学生的全面、个性化发展，因为适合学生的教育才是最好的教育，是教育应秉持的目的。其核心，即"要达到最好的"，强调精细，突出创新，具体体现为"态度精心、目标精准、过程精细、结果精品"，坚持"发展精进、不断优化、迭代创新"。所谓"修于内而形于外"，"精致"不仅是学校的外显标志，更是学校内在品格与气质的彰显。"开启智慧、润泽生命"的办学理念、"以爱育爱　用智启智"的教风、"乐学善思　笃实求真"的学风、"团结奋进　和谐创新"的校风，都是精致文化在学校、师生中的集中体现。不仅如此，精致文化更需以课程为载体，让全体师生亲历亲感，形成文化价值认同，并以此来指导课程建设，打造课程品牌。

（二）特色文化下课程建设思路

课程作为学校育人的载体，应当与学校文化相呼应，充分体现学校的文化内涵，在学校文化中汲取营养。学校课程建设应当基于学校的文化定位，深深扎根于学校的文化和土壤，从中汲取营养，获得蓬勃生长的力量，为学生的成长和教师的发展提供给养，实现不断传承、不断吸纳、不断重构、不断发展。课程是丰富学校文化内涵的主要途径，文化内涵同时引领学校课程建设，二者相辅相成，相得益彰，不同的文化构建出不同的学校课程。

我校坚持从精致文化建设的视角出发，基于"以人为本"的课程文化定位，将培养"具有家国情怀、国际视野、创新精神、精彩绽放的蜊园学子"作为学校育人目标，立足全体学生、着眼全面发展，将国家、地方、校本课程加以统整，形成面向全体学生的必修与选修类课程，构建出以人为本、自主选择、多元发展的精致课程体系。精致课程体系建构所聚焦的学生发展核心素养，是"中国学生发展核心素养"的校本化，是学校根据自身办学理念和育人目标所凝练的本校学生发展的必备品格和关键能力。学校重点规划了 CIC 特色课程的开发实施，建构形成 CIC 基础融合、拓展发展、探究综合三类课程群数十门课程，并不断迭代优化，做到精益求精，使之更符合学生成长和发展需求，重点突出创新实践和创造能力等的培养，促进学生可持续发展。

二、特色品牌项目开题论证

（一）精致特色品牌建设的教育性

学校是立德树人、培养人才的重要场所。要坚持好这一教育理念，关键就在于结合新时代中国特色社会主义发展新要求，真正解决好培养什么人、怎样培养人、为谁培养人的问题。这既是一个实践问题，又是一个理论问题。国家《关于全面深化课程改革落实立德树人根本任务的意见》（教基〔2014〕4 号）《关于深化教育教学改革全面提高义务教育质量的意见》（国办发〔2019〕26 号）等文件中，明确要求学校要坚决贯彻落实立德树人根本任务，严格落实"五育融合"，全面深化课程改革，促进学生全面健康发展，着力提高学生服务国家服务人民的社会责任感、勇于探索的创新精神和善于解决问题的实践能力，扎实提高教育教学质量。在《山东省"十三五"教育事业发展规划》中也提到，学校要不断深化课程体系改革，强化对学生科学思维、创新能力的训练。创新教学方式方法，鼓励学生自主学习、多元学习。《山东省义务教育段课程设置方案》对教育部印发的义务教育课程设置比例做了进一步细化调整，目的在于构建符合素质教育要求的新基础教育课程体系，全面推进素质教育。

《中共荣成市委 荣成市人民政府关于推进基础教育改革和创新发展的若干意见》（荣发〔2018〕14 号）提出，要探索办学体制创新，采取多种形式开展与名校合作，学习借鉴国内外知名义务教育集团和名校在思想道德素质、能力培养、个性发展、身体健康和心理健康教育等方面的先进办学理念和办学经验，创办荣成品牌学校，提升荣成义务教育阶段优质名校办学品质。开展义务教育阶段优质品牌学校培育评选活动，遴选部分优质学校进行重点培育。对优质品牌学校，在师资配备、教师培训、经费扶持、专家团队指导等方面落实系列激励措施。

结合对近年来出台的相关政策文件的梳理，根据区域教育发展要求，我们紧扣时代发展和学生成长需要，进一步明确了以打造精致特色品牌为核心的办学方向和特色建设思路，旨在通过精准有特色的教育培养新时代人才。

（二）精致特色品牌项目的可行性

2018年初，学校开启了精致特色品牌创建五年行动。结合新时代对教育改革发展的要求，基于学生成长需要，以培养适应未来社会发展需求的人才，学校立足科技创新传统优势，启动了"科创品牌"建设活动。随后，学校通过环境打造、活动引领、课程探索，大力推进品牌建设。相继开展了系列科普知识推广竞赛、科技创意及发明大赛、趣味设计及奇思妙想创意比赛等活动，建成蜗中创客空间，开设了航模制作、丝网印刷、创意制作、3D创意设计、python创意编程、华服等科创体验创意课程……年中，学校被正式确立为荣成市基础教育改革品牌培育校，参与了全市特色品牌学校建设项目。结合学校实际，依托项目式学习、STEAM课程、创客教育等新兴教育模式的特有优势，寻找学校特色课程新的建设路径。学校提出了"基于项目式学习的'创+'课程建设"项目，通过对已有校本课程进行整合优化调整，探索建构新的课程体系。学校制定了项目设计方案，并提交上海方略致远专家团队审核。在多次沟通交流中，专家团队给了我们很多启发性指导性的意见和建议。专家指出，选题很好，体现了与时俱进，但对"创+"的内涵界定过于模糊，覆盖面太广，有些泛泛而谈；目前建构的"创+"课程体系，三类课程存在过多的交叉现象，在课程类型的划分上不够规范严谨；完整的项目方案，要围绕"课程开发的体系框架、目标、内容、实施、评价与资源建设等"做清晰介绍与阐释，学校对"创+"课程的实施方式以及评价方式等还需要进一步研究细化；学校课程顶层设计一定要考虑三方面的问题，即为了谁设计、谁来设计、怎样设计，明确这三点才能确保学校课程建设有效……学校组织课程领导小组以及骨干教师，对专家建议做了充分研讨分析，并通过研读专著、课程建设案例解析等方式进行了深入的理论与实践学习，经过反复讨论，将"创+"课程修改为"三创"课程，提出了"创意、创新、创造"的概念，以"三创"为核心建构课程体系，重新调整了项目方案。此次，专家认为，要进一步厘清"三创"的逻辑关系，建立自己的课程话语体系；做课程要懂得取舍，课程内容不是越多越好，要懂得聚焦到一个主要的课程研究方面，优化课程内容和分类，突出课程间关联性和结构性；进一步明晰课程的体系框架，明确课程目标，建构图谱；课程实施要选择适宜的载体……经过专家的深度指导和智慧点拨，大家逐步捋清并形成了课程架构的思路。2019 年初，综合多轮专家建议，通过大量问卷，访谈师生、家长及社区工作人员等，最终确定了"创客 CIC 特色课程"项目，即以创客文化为切入口，突出创意设计、创新精神、创造能力等的培养，优化形成涵盖"CIC 基础融合、拓展发展、综合探究"三大类课程群的 CIC 课程体系，与国家课程、地方课程共同构成了学校精致课程体系。2019 年 9 月，在首期校长论坛上，通过汇报陈述、现场答辩等环节，CIC 特色课程项目顺利通过专家论证，得到了与会人员的高度肯定。专家们普遍认为，从"创 +""三创"到"CIC"，体现了学校对精致的追求，彰显了精致教育的办学特色。同时，课程顶层设计科学，体系建构体现了多层次、可选择；课程选题从空泛走向聚焦，课程内容从杂乱碎片化走向系统化，课程实施注重了分层分类推进，具有较强的可操作性；"三能三会"的 CIC 课程目标，彰显了学校育人特色……作为精致课程体系的关键组成部分，CIC 特色课程很好满足了每个学生的个性发展需求，让学生在项目学习、探究式学习中，提升能力，发展素养，收获不一样的成长。

（三）精致特色品牌项目的创新性

世界上的任何一种事务，如果没有个性，就会失去光彩和魅力。世界上所有的事务，如果都是千人一面，将不可避免陷入单调和平庸。学校发展亦是如此。一所学校，只有在科学办学思想的指导下，客观冷静地分析学校实际情况，积极发挥优势，选准突破口，革故鼎新，打造品牌，创建特色，才能在教育改革中大有作为。为此，我们以创新为要义，立足学校现有基础，努力做到在传承中有所突破。通过专家引领、广泛研讨，确定了以 CIC 特色课程项目为抓手，通过开发实施系列课程，采用项目化、探究式学习方式，引领学生在多元活动中亲身体验、加强感知，突出动手实践、创新创造等能力的培养，并将"创意、创新、创造"的 CIC 核心理念有效融合到课堂教学中，通过改变教师教学方式引领学生学习方式转变，打造高效创新的"致简课堂"，努力培养学生的自主思考、合作探究、质疑思辨等能力，促进学生高阶思维发展。从项目设计、目标到项目运作、评价，每个环节，我们都着力凸显创新性，以创新引领品牌发展，助力学校内涵品质提升。

第三节　实验

一、基于"精致文化"共识的项目推进

（一）组建课程团队

学校课程建设的推进，需要有相应的组织管理机构承担相关责任，确保学校课程建设稳步有序开展。为此，我校建立健全了课程管理的运作机制，基于原有的落实国家课程的教学管理机构，通过整合重组，设立了专门的课程管理研发委员会、课程考核评估委员会、校本研修委员会等，组建了学校课程建设核心团队，进一步明确相应职能和关系，形成了以专业领导为基础的扁平化的课程管理运作机制。

（二）特色专题学习

为了使精致教育理念及其文化思想深入师生心间，学校组织开展了系列专题学习活动，加深理解认知，促进内化吸收。在教师中，借助校内平台，组织全体教师集中学习、教研组内分散学习，对学校特色文化形成一个整体感知。随后，学校通过开展多期沙龙研讨，组织不同层面教师进行"文化碰撞"，在互动交流中进一步提升认识，加深全面了解。在学生中，以多种活动为载体，开展了游园学习、特色课程嘉年华、主题征文大赛、演讲赛等活动，让学生们在丰富多彩的活动中学习，收效显著。

（三）主题文化宣讲

学校文化能够影响学校全体成员的思想和行为，这种影响会促成学校全体成员形成共同的价值观念、思维模式和行为方式。学校文化的内隐性很强，需要通过宣示、释义、对话等过程，促进学校文化由潜在的、自发的"默会知识"转变为自明的、自觉的"明言知识"，从而使广大师生在理解中认同、在认同中践行，把学校文化内化为自己的人生信条和行为准则，让学校文化真正"落地生根"。

二、基于"精致教师"研修的项目推进

（一）研制"精致教师"十条标准

大教育家夸美纽斯说，教师是"阳光底下最光辉的职业"。教师承载着教育人、培养人的重任，全体教师都要有一致的品格发展方向，遵守一定的行为准则，共同引导学生价值观的正确发展，并在教育中促进专业发展。

（二）制定"精致教师"研修制度

为了确保研修的实效性，真正助力教师专业发展，达到持续提升教师专业素养，打造"精致教师"的目的，学校制定了精细的教师研修制度，保障教师专业成长。

学校认为，有效的研修，一定是基于教师发展需求的，唯有如此，才能激发教师参与研修的积极性。所以，学校坚持以解决教学实际问题为导向，以促进学生发展为宗旨，从两方面入手确定研修主题。一是在每学期期末，利用 SWOT 分析法，围绕"教学优势、劣势、机会和挑战"等，分别对青年期（教龄 1 年—5 年）、上升期（教龄 5 年—10 年）、熟练期（教龄 10 年—20 年）、成熟期（教龄 20 年以上）的教师进行分析，认真研究不同发展期教师能力短板所在，找准问题，进一步梳理，形成下学期研修参考主题。二是开学前一周，结合市教育局教育教学工作要点，对各学科教师进行问卷调查，汇总形成问题清单。

对照《中学教师专业发展标准》，学校从"师德建设、专业知识、专业能力"三大维度入手，确立研修主题，对需设置，形成序列。

第三章 建构

在"五育并举、五育融合"精神引领下，学校需要建立自己的课程观，遵循文化价值引领的发展脉络，将基础型、拓展型和探究型课程进行整合，创新性建构适合学生全面发展、健康发展、精彩发展的精致课程体系。

第一节 精致文化

学校文化既是学校个性魅力与办学特色的体现，又是一种教育力量，对学生的健康成长有着巨大的影响。在学校建设与发展中，以精致教育为总目标，以文化建设为有力抓手，不断加大文化建设的力度，打破"千校一面"的局面，挖掘学校的文化底蕴和深层文化内涵，全面实施"让每一面墙壁、每一个角落都蕴含教育意义"，塑造规范、系统、独具特色的精致学校新形象，彰显学校个性，成就精致文化，打造精致校园，创建"学生向往、教师幸福、家长满意"的精致品牌化学校。

《辞海》把"精致"解释为细密、精密。《辞源》中的一个义项则解释为"工美的情趣"。《梁书·儒林传·崔灵恩》中有"性拙朴无风采，及解经析理，甚有精致"。意思为：习性本分朴实（作文）没有文采，（然而）到了解释经文分析事理时，（却）十分有工美的情趣。这里的精致即精美。"精致"，从字面上讲即"精巧、细致"。"精"就是经过提炼或挑选的"精华"，有完美、最好的含义；"致"就是"给予"或"达到""集中""精细"的意思。英文中"精致"的意思来自拉丁文，含有"规范或标准"之义。

精致教育是一种充分为学生服务的高品质教育，是关注过程、关注细节、关注差异、关注个体生命成长需要、尊重生命的一种原则与态度，是通过提供优质的教育服务，实现更为美好的教育发展过程与结果的教育活动。精致教育是与素质教育一脉相承的教育理念，是对教育卓越品质的追求。

精致化教育首先是一种严谨的态度。凡事认真当头，努力做细做精，决不粗疏马虎。其次是一种卓越的品质。努力追求教育的高质量、高品质、高品位。再次它是一种做事的方式。从细节入手，把过程、环节放大，精心策划设计，实现对学校管理每一个细节的关注，对师生发展每一方面的关注，在成就细节的同时促进学校内涵发展。精致化教育的价值取向是科学精神与人文精神的融合。

理念文化是学校文化的核心和灵魂，是学校教育目标的诠释和教育内涵的解读，更是校风建设的核心和学校一切工作的根本。蛳江中学立足实际情况，多方考察论证、科学定位、精心设计，逐步形成科学规范、人文气息浓、特色鲜明、有品位、有内涵的学校理念文化。

第二节　文化理念

一、精致理念

（一）办学愿景：精致教育成就师生精彩人生

依托精致教育，打造"创意、创新、创造"CIC 特色品牌，培养指向学生品格养成和能力发展的"创客素养"，致力将创新的核心理念发展为每一位师生的生活理念和价值追求，让学校成为师生创造奇迹、精彩绽放的地方，实现以"精致教育成就精彩人生"的办学愿景。

（二）办学精神：海纳百川　追求卓越

"海纳百川　追求卓越"的办学精神科学定位了学校的未来走向，就是要做最好的教育，实现"市内一流　省内知名"的发展目标；体现了学校充满着生机与活力的态势，永不停歇，一直行走在追梦的路上；也激励、鞭策、督促着全校教职员工虚心好学，永不懈怠、永远创新、永创一流，没有不可能，挑战无极限。

（三）办学理念：为每一个学生的终身发展奠基

办学理念集中体现着学校的办学思想，是学校精神的核心。在人本主义、自然主义以及党的基本方针、政策等思想的正确指导下，学校确定了"为每一个学生的终身发展奠基"的办学理念,它秉承着"以人为本"的价值观,倡导"教育是一种服务",强调有教无类、因材施教、教学相长;它回答了学校发展是"为谁发展"的问题。

学生是学校教育的主要"服务对象",教育亦是一种特殊的服务;它说明着学校精致教育的出发点和归宿:促进学生的终身发展,通过为学生提供优质、高品质的教育服务,关注过程、关注细节、关注差异、关注个体生命成长的需要,预留学生足够的成长和发展空间,尊重生命,发展个性;尊重差异,因材施教,实现教育效益的最大化。它体现着学校精致教育的关键点:教师要将一种优质的教育服务提供给学生,不只重视学生学业的成就、技艺的养成,更要重视学生道德情操的陶冶,重视促进学生潜能的实现,奠定学生成长成才、幸福人生的坚实基础。

"为每一个学生的终身发展奠基"的办学理念真正着眼于人的长远发展,它指引着学校精致教育要尊重教育规律,遵循学生身心发展规律及个性特征,开展因材施教的教育活动,使每位学生都受到同样的重视,学生不同的个性都受到尊重,让每一位学生得到教师的关怀,让每一位学生享有自信与成功,让每一位学生都能获得最大机会的自我实现;同时,充分利用家长、社区、社会以及网络资源,突破书本、课堂、学校的局限,建立起学校教育、家庭教育和社会教育三者相结合的教育网络,建立学科课程、活动课程和隐性课程相结合的课程体系,营造一个开放性的教育环境,让学生拥有学校课堂、家庭课堂、社会课堂,提供促进学生整体素质提高的成长空间,为学生的个人实现、个性发展提供最坚实的基础和平台,进而实现更为美好的教育发展过程与结果。

(四)学校发展目标:以内涵发展、特色发展、和谐发展,建设精致文化校园,促进师生主动发展,实现荣成品牌、威海名校、省内知名的目标

《国家中长期教育改革和发展纲要》强调把育人为本作为教育工作的根本要求,把促进学生健康成长作为学校一切工作的出发点和落脚点,要求教育工作者要关心每个学生,为每个学生提供适合的教育。据此,蜊江中学将学校发展目标定位为:以内涵发展、特色发展、和谐发展,建设精致文化校园,促进师生主动发展,实现荣成品牌、威海名校、省内知名的目标。这就要求我们努力追求教育教学的每个领域、每个过程和每个环节的整体精细、精致、规范与完美。从学校发展的需要来看,如何寻求学校发展路径,提升教育教学质量,是新形势下学校发展的必然要求。学校树立了以提高质量为核心的教育发展观,注重学校内涵发展，努力使学校办出特色、办出水平，出名师，育英才。这就要求我们在坚持优良传统的同时寻求创新发展，凡事认真当头，努力做细做精，决不粗疏马虎。从细节入手，把过程、环节放大，精心策划设计，实现对学校管理每一个细节的关注，对师生发展每一方面的关注，在成就细节的同时促进学校内涵发展。希望通过精致化教育特色项目的持续推进下，进一步挖掘学校文化内涵和办学新路，将精致化教育"五精"的核心理念进一步发展为每一位师生的生活理念和价值追求，为同类学校的发展提供借鉴和参考。

在学校建设与发展中，不断加大精致建设的力度，打破"千校一面"的局面，挖掘学校的文化底蕴和深层文化内涵，全面实施"让每一面墙壁、每一个角落，都蕴含教育意义"，塑造规范、系统、独具特色的精致学校新形象，彰显学校个性，成就精致文化，打造精致校园，创建"学生向往、教师幸福、家长满意"的精致品牌化学校。

（五）一训三风

1. 校训：至博 至诚

校训，是学校文化精神的核心内容，体现了学校的办学精神与文化传统，凝练了学校文化与育人理念，是人生的追求目标，是学校的灵魂。蜊江中学自建校以来，一直遵循着"至博·至诚"的校训。"博"和"诚"是从中国古代先贤名句中选取而来，体现了蜊江中学的传统精神。"博"指学问渊博，是人生追求学问和事业的境界，其含义是博大精深、经天纬地，又指胸怀宽阔，海纳百川。"诚"是维系人类社会的最高道德规范，也是中国传统文化的精神内涵。"诚"的含义包括诚朴、诚信、诚实，蕴含朴实无华，以诚相待，取信于人。"至"是达到。"至博"是指做学问博学、博思、博大。"至诚"要求对自己诚实，对他人诚恳，对国家和社会要诚信。唯诚信，信而有征。"至博至诚"不但体现了中华优秀传统文化和时代精神的有机结合，更贴合了社会主义文明建设的要求和方向。博学而求诚，诚实而博学，博学有才，诚实有德。它代表着校园文化和教育理念，是人文精神的高度凝练，是蜊江中学学校历史和文化的积淀，师生共同遵守的道德和学问准则。

2. 校风：团结、奋进、和谐、创新

坚定"团结、奋进、和谐、创新"的校风，团结是奋进的保障，是学校力量的象征，无论是治学、治教还是管理，只有真诚合作、多方协作，才能体现出时代意义上的质量、速度和效益。唯有团结，才能凝聚。万众一心，办好学校。

奋进是一种昂扬的斗志，是一种图强的精神。学生、教师、学校都要有时代的紧迫感和发展的危机感，以饱满的奋进精神，锐意开拓，不断进取，为蜊江中学写下一页又一页华章。和谐是中国传统文化的核心理念和根本精髓，其要义是校园中的每一个人都要相互关爱、平等相处、和衷共济、协作共事。创新是开拓的意识，是发展的动力。对学校而言，创新是教育的灵魂，是学校永葆生机的源泉，唯创新才能有新局面。不因循守旧，不满足现状。蜊中人永远高扬创新的旗帜，开创具有鲜明蜊江中学特色的新局面。团结、和谐体现"德"的含义，奋进、创新具有"才"的内容。团结、和谐是"善"的内化；奋进、创新是"真"的写照与"美"的要求。团结、奋进反映了一种传统的"人文精神"，是师生崭新风貌的良好体现。校风整体上"德才"兼备，"真、善、美"融于一体；有和谐之美，有全面发展之意，有开拓进取之心。

3. 教风：用爱启爱，用智启智

学校坚持"用爱启爱，用智启智"的教风，站在培养全面发展的高素质学生的高度，提出"没有特长的学生不是合格毕业生"口号，在培养学生健康个性、活跃思维、创新精神和实践能力等方面勇于探索。以"习惯养成"为切入点，培养学生良好的品德、礼仪、学习、卫生、劳动等习惯；以多个课外兴趣小组为依托，以每年一届高水准的校园科技文化节为平台，通过"读书节""科技节""艺术节""体育节"等大型活动，培养"有修养，爱生活，爱学习，有追求，有特长"的学生，各级各类科技、艺体比赛捷报频传，让"用爱启爱，用智启智"的教风真正贯彻落实到学生的学习生活中。

4. 学风：乐学善思，笃实求真

学校树立"乐学善思，笃实求真"的学风。通过开展丰富多彩的活动，使社会、家庭、学校成为对学生进行德育教育的阵地，使学生受到良好品德的熏陶；加强学校艺术教育，开展丰富多彩的综合实践活动，使学生的个性得到健康全面的发展。从而使我们的课堂、我们的校园成为教师和学生共同学习、共同成长、发展个性、增长智慧、丰富情感、健全人格的生命的绿洲。

二、精致意象

（一）校徽

校徽：主体图案，是以"蜊江"的拼音开头字母"LJ"抽象组合而成，突出

"蜊江中学"的设计主题，同时也融入帆船、海洋等元素；帆船线条气势磅礴，充满前进的动力。校徽主体颜色选用蓝色，充满活力、希望，寓意海洋和知识。蓝色的海洋和扬帆的航船，象征蜊江中学飞速发展的步伐和美好的明天；同时，寓意蜊江中学的学子在知识的海洋里扬帆遨游，展现了蜊中学子奋发向上、积极进取的精神面貌。蓝色的背景象征天空和大海，寓意学校给予学子无私的关怀及培养，给予学子无限的发展空间，为他们的将来奠定更坚实的基础。整个主体图案与蓝色的背景融合在一起，构思简洁，寓意深刻，造型一气呵成，极具动感和时代气息，有较强的辨别性和应用性。帆船、海洋是蜊中人美好憧憬的写照，是希望与荣誉的象征；是蜊中人对今天的态度，对明天的承诺，对幸福的理解，对使命的担当，更是蜊中人对生命嘱托般的信任的回应！

生命、生态、和平、大爱、荣誉、希望、幸福、担当，既是精致教育的追求，也是精致教育的内容，蜊中的校徽，形象地勾勒出了精致教育的基本元素。

（二）校旗

校旗：黄色代表学生。色调释义：黄色的波长适中，是所有色相中最能发光的色相，给人轻快、透明、辉煌之感觉，让人充满希望，也易让人联想到太阳。基于此，用黄色代表学生。蓝色代表教师。蓝色的波长较短，属于冷色系，非常纯净，通常联想到海洋、水。俗话说，智者乐水，纯净的蓝色表现出的是一种美丽、冷静、理智、安详与广阔。由于蓝色的这种沉稳的特性，具有理智、准确的意象，故用其代表教师。

（三）校歌

校歌：有爱才有希望。蜊江中学校歌以《放飞希望》为题，是蜊江中学办学理念、校园精神和学校特色的集中体现，是精致教育的延伸；是爱的天堂，是精致教育的天堂，传递出了精致教育的要义与精髓，寄托着校领导和老师对学生的美好期望和憧憬，希望广大蜊中学子在这里挥洒青春和热血，向着美好未来努力奋进。

（四）精细德育

学校坚持立德树人，积极践行"以生为本"的发展理念，遵循教育和学生成长规律，以"教育育人、管理育人、活动育人"为核心，不断创新德育工作。教育育人方面，学校扎实推进德育课程一体化建设，学科课程中渗透德育目标，德育课程中突出德育案例，传统文化中弘扬精神传承，实践服务中培育诚信与创新，以此统整学校德育课程、特色德育活动。同时以信用管理为抓手，依托学生志愿服务活动，探索完善“守信激励、失信惩戒”机制，建立失信学生“信用修复”路径，创建了惩戒制度与志愿活动、志愿活动与信用管理评价双向互动的德育教育模式。管理育人中，学校以“流程图”为载体，精心研究工作流程，严格实施流程管理，突出每个环节和细节，形成百余个管理流程图，促进了学校德育管理走向规范化、精细化。活动育人方面，学校以项目学习为依托，通过“融通整合、项目推进”，提升学生参与活动的主动性，促进核心素养提升。在“蜊园四节日三表彰”系列活动中，学生通过自主设置方案、自行组织活动，在实践体验、合作探究中，很好地实现与活动共成长。

日常德育活动从工作目标、工作步骤和注意事项三个方面做出要求，让师生明确每项活动的目的、意义以及自己如何在活动中做到最好，并在完成日常教育教学活动任务的过程中，养成规范、严谨、认真、细致的态度和习惯，形成精益求精和追求卓越的教风、学风和思维方式。

（五）精品课程

课程是育人的载体。学校坚持以精致教育为引领，把促进学生全面而有个性的发展作为学校一切工作的出发点和落脚点，确立了“点燃创新思维，展现创造能力，厚实人文底蕴，走向未来世界”的课程理念。在“国家课程的高质量校本化实施”基础上，通过“CIC 特色课程的开发实施”，努力为每个学生提供适合的教育。通过不断实践研究，学校构建形成了与学生内在发展需求相一致，有利于夯实学科基础、促进专业发展、提高综合素养、形成自主能力的 CIC 三级特色课程体系，满足了不同层次学生的发展需求。学校通过多样化、个性化的社团活动，扎实推进课程实施，采用项目式、探究式学习方式，实现“做中学”，培养学生创新实践、自主探究、团队协作及批判质疑等能力，提升核心素养。每周四下午，学校科创活动中心里，蜊园造物、五彩生活、工程搭建、丝网印刷、沙画文创、生活创意工坊、天鹅守护者、华服小当家、田园笔记、轻松学 MixGo、追寻荣成非遗足迹、抱砚轩等社团有序展开活动；绿茵场上，玩转足球、乒乓乒乓、筑梦篮球等社团，也在同步开放中。室内室外，共计五十多个社团，热闹非常，深受学生喜爱。广阔的空间，为每一个学生提供了发现自我、展示自我、完善自我、发展自我的平台，真正实现“人人有选修、个个有特长”，促进了学生个性发展、最优发展。

（六）精彩课堂

伴随着教育改革的不断深入，学校勇于探索，大胆创新，全面推行教研教改。学校开展课堂模式创新研究，从教与学入手优化学生学习方式，引入学科思维可视化教学，引导学生树立学科思维，推动学生学科思维能力提升；实施"师友和谐互助"策略，实行学生小组回答与解疑团队合作，通过学优与待优生互讲方法与思路、培优与固基并行等方式，帮助学生在教中学会、讲中学好。同时加强教学方式转型研究，突出"教学评一致性"，精心研读课标，精细分析内容，精准设计目标；推进教学手段优化研究，加大智慧课堂建设，结合微课、平板、希沃助手、学科 App 等多种方式，通过采用混合式教学手段，实现学生学习效率最大化。

结合精致教育特色，立足已有基础优势，学校创新提出打造高效"致简课堂"，突出学生高阶思维培育和关键能力提升，努力让课堂教学的每个阶段、每个环节都体现出细微处的精致。课前，实行三线备课，精研问题线，以"问题"为抓手，通过"确定问题、生成问题链、形成问题群、实现问题深化"，有效指导教学，做到环环相扣、层层深入；课上，通过树标达标引领，严格学校"课堂六要素"（前置目标、有效提问、师友合作、学科导图、精准练习、归纳评价）的实施，促进课堂教学的规范化、精细化；课后，实施三微观课，凸显"五有效"（学习目标的有效性、课堂时间利用的有效性、自主学习的有效性、合作探究的有效性、课堂评价的有效性），提升课堂教学实效。经过循环往复地探索实践，学校"致简课堂"教学范式已初具模型，教学成效显著，成绩突出，师生在课堂活动中实现同频共振，同步成长。

（七）多元活动

校园文化的载体是丰富多彩的活动，蜊江中学倡导"月月有主题，周周有活动"的工作方针。

1.为培养学生的综合素质，提出"没有特长的学生不是合格毕业生"的口号，要求每位学生根据自身的兴趣爱好，参加一个兴趣小组，学习掌握一门特长，以兴趣促进学生全面发展。为彰显"科技领航 文化立校"办学特色，促进学校特色化、内涵式发展，我校每年举办一届以"科技点燃未来梦想，文化构建和谐校园"为主题的科技文化节，还通过大型校园文化节等形式，为广大学生搭建了一个展现智慧与风采，张扬个性、和谐发展的平台。

2. 为"促进学生全面发展，构建国学特色文化"，学校发起"与圣贤为伍，与经典同行"系列活动。利用国旗下讲话和班会对活动进行发动，宣传国学的内涵和国学教育的深远意义，制订切实可行的计划，规定每天固定的经典诵读时间和必读必备经典书目，引导学生接受校园国学氛围的潜移默化，做到对学生心灵的无声净化和陶冶。

3. 成立学生文学社，通过校园广播、校园电视台、校园网、校报、校刊等文化载体展示自我才华，师生们通过此平台，以我手写我心，激发了广大师生听、说、看、读、思、写的热情，大大推进了校园文化建设，成为我校文化建设的一大亮点。

4. 注重学生社会实践能力的培养，开展一些"朝霞牵手夕阳红""感受魅力荣成，领略民俗文化""消除白色污染"等主题的社会实践活动，加大了学生参与社会的力度，提高了学生的社会适应能力。这些活动展示了蜊中学子"有修养，爱生活，有特长，有追求"的风采，蜊江中学正成长为养德、成才的生命乐园！

（八）魅力教师

学生的成长成才离不开教师的引导培育。每年一度的"感动蜊园教师"，一个个"教坛新秀"，一批批"受学生喜欢和尊敬的老师"……他们朝气蓬勃、意气风发，锐意改革，恪尽职守，以高超的专业水平和独特的人格魅力为学生"发展个性，涵养人格"保驾护航。

为打造一支学习型、研究型、专家型教师队伍，学校坚持制度化规范和人文化关怀相融合，以教师专业成长为核心，以强化研修学习为抓手，提升教师专业素养。一是让培训满足教师需求，从"师德建设、专业知识、专业能力"三个维度入手，精准设计"理论＋技能"主题研修课程，对应"青年期、上升期、熟练期、成熟期"不同受训群体，对需设置"必修＋选修"课程，并通过"菜单式"学分评价，激发教师学习主动性，提升研修实效。二是培训坚持内部挖掘、外部帮扶。对内，挖掘身边的"高手"，让老师走上讲台，从"参训"走向"培训"；对外，聘请专家名师走进学校开展培训，实地指导，并定期派遣骨干教师赴省内外名校进行跟岗学习。三是打造好研训平台。立足教师发展共同体，突出青年教师培养，依托"青蓝工程"，建立"传帮带培"机制，结对成长保证良好的教学质量；成立"职场助推"团队，每周组织教师通过"沙龙夜话"，磨砺教育思想、钻研学科知识、切磋教学技艺、激励专业发展，助力快速成长。

（九）活力学子

"黄海之滨，桑沟湾畔，这一方热土有我们的校园，这里是我们成长的殿堂，肩负着重任，胸怀着理想，文明守纪，勤奋活泼，报效祖国是我们的志向，立志躬行，发愤图强，用青春和热血谱写绚丽的畅想……"每当校歌《放飞希望》的旋律响起，蜊中学子们总会不由自主随唱起来。即使离开校园多年，他们对蜊中的执念依旧，这方热土，留给他们的，有逐梦远方的奋斗足迹，也有满载快乐的成长印记。

为了培养具有"家国情怀、国际视野、创新精神、精彩绽放的蜊中学子"，学校始终坚持立德树人，突出"五育并举"，以多彩活动为载体，拓宽学生视野，提高各项技能，让学生在生动活泼的宽松环境中实现全面发展。学校依托国家民族节庆纪念日等重要节点，扎实开展好"学雷锋志愿服务、绿色清明、五一劳动实践、尊老孝亲、尊师爱师、爱党爱国"等系列主题教育实践活动，涵养家国情怀，激发学生热爱并自觉传承中华优秀传统文化，培育高尚道德情操；每年举办"校园四节日"，三月科创文化节、四月蜊园书香节、九月艺体文化节、十一月爱心公益节，一节一特色，节节有惊喜，活动串串连，年年有创新，共同构成了蜊园一道独特的四季风景线，点亮了学子的校园生活；还有趣味运动会、班级足球联赛、主题演讲赛、热点辩论赛、我是非遗传承人……缤纷多彩的活动，不仅为学生搭建了个性飞扬的舞台，陶冶了情操，而且充分发挥了活动育人功效，塑造了学生美好的人格。

第二节　精致课程

一、课程培养目标

（一）育人目标

精致课程的育人目标是：培养具有家国情怀、国际视野、创新精神、精彩绽放的蜊园学子！

"家国情怀"是中华民族的文化精髓，是中国学生发展的核心素养及必备品格。我们将"家国情怀"作为蜊江中学学生的发展目标，旨在通过课程的学习来激发学生对家乡的热爱、对国家的认同、对民族的自信，引导学生争做具有家国情怀的道德榜样，全面提高学生核心素养，努力把学生培养成为中国的世界人和走向世界的中国人，让他们能够成为未来社会的主人。

"国际视野"是在传承中华传统文化的同时，注重培养学生的全球视野。我们将其阐释为：一是全球意识，如相互依赖意识、世界一体意识、和平发展意识、环境保护意识、国际正义意识等；二是全球知识，诸如世界地理、世界历史、国际时事、国际语言等；三是全球技能，如国际理解、国际交往、批判创新、信息处理、对话合作、终身学习等；四是全球价值观，如关心地球、维护人权、尊重生命、公正和睦等；五是全球行为，如参与一切有利于全球正义事业的行动等。

"创新精神"是学生能够对周围的一切充满好奇心，具有较强的创新意识、行动能力，体现为"善于发现，乐于质疑，富于想象，勤于实践"。我们通过启发式、探究式、讨论式等学习方式，引导学生学会独立思考，养成批判性思维，不墨守成规，不唯书、不唯上，敢于质疑，善于提出新理念、新观点和新方法，让创新凝练成为蜊中学子的特有气质。

"精彩绽放"是精致教育的成功愿景，是我们对蜊中学子的终极期待。通过学校的多元化课程，既满足学生的个性发展需求，也体现全体学生的共同要求，让每一个学生都能够从中展示自我、开发自我、完善自我、发展自我，从而成长为更好的自己，绽放出自我的别样精彩，真正实现让每一个生命都能自由舒展、蓬勃生长。

（二）课程目标

学校在落实立德树人根本任务的过程中，遵循"五育并举"的教育要求，立足于学生的全面健康发展，在严格落实学科课程标准的前提下，确立了精致课程的总目标：学会求知、学会做事、学会生存、学会共处、学会改变。精致课程的总目标总领学校课程开发、建设、实施与评价的方向。基于此，确定学校分阶段的课程目标，循序渐进培养学生的关键能力与核心素养。

第三节　致简课堂

一、核心概念

"致简课堂"是指教学板块不多，教学流程不复杂，从教学目标到教学环节，从教学方法到教学语言都不蔓不枝、干干净净、去繁就简，实现审美化、艺术化、高效化的课堂教学。它彰显简单，蕴含丰满，透露精致，追求高效，是最适合师生平等和谐发展的课堂。具体表现为：教学目标简明适切，并趋向个性化；教学内容简约适合，并归向生本化；教学方法简易适用，并倾向项目化；教学过程简洁适度，并导向生成化；教学评价简单适当，并走向多元化。

精致教育的终极目标是"大道至简"，在精致教育之中追求课堂教学之道。"至简"，主要指教学之中追求用最简单的语言、最简单的案例、最简单的对话、最简单的技术和极其简单的过程，精准达成教学目标，从而在精准与精确之中，实现精致化教育。"道"在中国哲学中表示"终极真理"。教师在课堂教学中，只有尊重生命差异存在，遵循学生成长规律，才能找到课堂教学走向"道"的至简教育规律，才能实现"以人为本"的教育宗旨。

大道至简与博大精深是一体两面，"大道至简"意味着"少而精"，"博大精深"意味着"多而广"。两者是可以相互转化的，"大道至简"往往要博采众长，融会贯通，教师在"致简课堂"建设的实践中必须进行整合创新，博采众长，跳出传统课堂教学的框框，抓住教学的本质，剔除无效的、可有可无的、非必需的过程，融入简练而精准的内涵。

在推进落实课程改革过程中，学校坚持以培养学生发展核心素养为方向，积极推进自主合作探究的教学方式，初步呈现出重视学生的独立思考、基于问题或项目开展教学、充分利用信息技术和课外资源等明显的教学特征。但在实际教学中，仍存在课堂上教师把控过多、缺少对学生创新思维、创造能力的培养等问题。学校对原有"致简课堂"进一步深化、细化，在建构"致简课堂"与研究特色课程实践的基础上，从教学目标、教学内容、教学方法、教学过程和教学评价等方面作相应调整，不断完善"致简课堂"教学模式，力求探索促进学生全面发展的"致简课堂"范式与策略，有效促使课堂教学真正向精细化、个性化发展，并实现由关注整体发展与到关照个体差异的转变。

二、理论基础

乔伊斯和韦尔在《教学模式》一书中认为："教学模式是构成课程和作业、选择教材、提示教师活动的一种范式或计划。"教学模式是一定的教学理论或教学思想的反映，是一定理论指导下的教学行为规范。持有不同的教育观的学者往往提出不同的教学模式。比如，概念获得模式和先行组织模式的理论依据是认知心理学的学习理论，而情境陶冶模式的理论依据则是人的有意识心理活动与无意识的心理活动、理智与情感活动在认知中的统一。

任何教学模式都指向和完成一定的教学目标，在教学模式的结构中教学目标处于核心地位，并对构成教学模式的其他因素起着制约作用，它决定着教学模式的操作程序和师生在教学活动中的组合关系，也是教学评价的标准和尺度。正是由于教学模式与教学目标的这种极强的内在统一性，决定了不同教学模式的个性。不同教学模式是为完成一定的教学目标服务的。教学模式能为各科教学提供一定理论依据的模式化的教学法体系，使教师摆脱只凭经验和感觉，在实践中摸索教学的状况，搭起了一座理论与实践之间的桥梁。"致简课堂"致力于培养学生"学会求知、学会做事、学会生存、学会共处、学会改变"的综合能力。基于这一核心目标，秉持"尽精微，致精优"的教学理念，"致简课堂"强调教学每个环节的整体规范、到位，从重结果到重过程，让教学的每个阶段、每个环节都体现细微处的精致。基于以下教学模式理论和模型，建构我校特色的"致简课堂"教学模式。

杜威提出了"以儿童为中心"的"做中学"为基础的实用主义教学模式。这一模式的基本程序是"创设情境—确定问题—占有资料—提出假设—检验假设"。这种教学模式打破了以往教学模式单一化的倾向，强调学生的主体作用，强调活动教学，促进学生发现探索的技能，获得探究问题和解决问题的能力，开辟了现代教学模式的新路。依据皮亚杰和布鲁纳的建构主义的理论，探究式教学以问题解决为中心，注重学生的独立活动，着眼于学生的思维能力的培养。这一教学模式的基本程序是：问题—假设—推理—验证—总结提高。首先教师创设一定的问题情境提出问题，然后组织学生对问题进行猜想和做假设性的解释，再设计实验进行验证，最后总结规律。巴特勒学习模式的基本程序是：设置情境—激发动机—组织教学—应用新知—检测评价—巩固练习—拓展与迁移。巴特勒从信息加工理论出发，非常注重元认知的调节，利用学习策略对学习任务进行加工，最后生成学习结果。教师在利用这种模式的时候，要时常提醒学生反思自己的学习行为。要考虑各种步骤的组成要素，根据不同情况有所侧重。

建构主义认为，学习者要想完成对所学知识的意义建构，即达到对该知识所反映事物的性质、规律以及该事物与其他事物之间联系的深刻理解，最好的办法是让学习者到现实世界的真实环境中去感受、去体验（即通过获取直接经验来学习），而不是仅仅聆听别人（例如教师）关于这种经验的介绍和讲解。抛锚式教学基于建构主义理论，以真实事例或问题为基础，通过创设情境—确定问题—自主学习—协作学习—效果评价五个环节，培养学生的创新能力、解决问题能力、独立思考能力和合作能力。另外，奥苏贝尔的有意义接受学习理论和先行组织者教学策略、合作式学习模式和发现式模式对于建构"致简课堂"教学模式起到了积极作用。

三、教学流程

（一）确定原则

为了在课堂教学中更好实现学科课程标准要求，有效提升课堂教育教学质量，明确课堂教学核心原则和基本流程，学校确立了"致简课堂"教学模式：将创客 CIC 特色核心理念融入学科教学，突出了一个核心（以学生发展为本，聚焦创意创新创造）、两个抓手（问题驱动为关键、探究合作为基础）、三个目标（夯实基础、积淀素养、培育思维）、五个环节（发现问题、实践探究、提炼总结、迁移应用、持续探索）、六个要素（前置目标、有效提问、师友合作、学科导图、精准练习、归纳评价），教师提供"情境渲染、民主开放、工具支持、多元评价"教学支撑和服务，以实现学生综合素养的提升。

（二）具体流程

环境向：课堂环境是指教师运用自己的智慧和创造力，把课堂营造成民主开放的环境，让学生进行实践体验，使他们在学习活动中感悟道理，体验情感，规范行为，提高能力。通过宽松和谐、赞扬欣赏、认真倾听等方法创设民主平等的师生关系，在交流互动、合作提升、留白反思中培养学生的创新意识和能力。

动力向：课堂学习需要动力，教师可以通过情境渲染以诱发、启发、激发方式调动学生的学习动力，在课堂中诱发学习兴趣，挖掘学生心理潜能；启发认知明理，指引学生激情导行；激发内驱力，强化学生学习动机，使师生间产生共情、共鸣、共振。

目标向：课堂教学不仅关注学习成绩，更要发现和发展学生多方面的能力。教师需要从主体多元化，内容多维化，方法多样化，建立多元评价体系，促进学生全面发展。根据融会贯通程度、举一反三能力、学以致用的程度制定学生认知领域学习评价；根据即时语言评价、肢体语言评价等激励评价建立情感领域学习效果的评价及学生参与学习活动精准程度的判断性评价。

技术向：课堂教学需要有学具、教具、信息技术手段等工具的支持。

四、"致简课堂"实施要求

落实"精准教导"，促进学生的"充分学习"：拒绝过度教导，做到适度教导；减少直接教导，更多间接教导；减少教师给予，鼓励自己习得。

落实"多维教导"，促进学生的"生动学习"：情境化地呈现知识，指导学生以多样化方式展开学习，引导学生进行反思学习。

落实"情感教学"，促进学生的"体验学习"：以情激情，使学生与教师产生情感共鸣；以境激情，使学生与文本产生情感共鸣。

提供"多元立场"，促进学生的"批判学习"：是建构而非洗脑；知识是真理，也是建构。

（一）对学科的要求（理科、文科、综合学科）

1. 文科：文科学科主要有：语文、英语、道德与法制等。文科课堂应创设和谐的教学氛围，充分发挥学生的主动性，应该注重学生的思维活动，把课堂变成学生的乐园。所以文科教师首先要做到注重课堂气氛，激发学生的学习兴趣。教师要精心设计教学内容呈现的方式，挖掘教材中的内涵，以激起学生对学习材料的兴趣，调动学生积极的情感。

其次，文科教师要设计难易适度的问题，激起学生自主学习的动机。教师要深钻教材，熟悉课堂教学目的，了解教材重点、难点、结合课后思考、练习中的问题，结合学生的知识水平，遵行由易到难、循序渐进的原则，设计出富有启发性的问题。

最后，设计新颖有趣的活动，让学生动起来。为了强化语文课堂上学生的思维活动。教师需要调动学生多种感官的协同活动，让学生在积极参与教学的过程中掌握知识，培养能力。

2. 理科：理科学科主要有：数学、物理、化学、生物、地理等。理科课堂更应该注重学生的思维品质和科学素养的培养，注重增强与社会进步、科技发展的联系。为此，课堂上应严格按照学校更新的六要素——"前置目标、有效提问、师友合作、学科要素、精准练习、归纳评价"进行落实。

教师在授课过程中要确定符合实际的内容要求和难度要求，设置科学合理的教学目标。明确的教学目标，是指对一节课，符合各年级段的要求，符合各学科的要求，符合学生实际。教师在授课过程中要建立新型的教学方式，创设有利于引导学生主动学习的课程实施环境；引导学生转变学习方式，提高学生自主学习、合作交流以及分析和解决问题的能力。教师要优化教学策略和教学评价，恰当灵活地运用有效的教学方法和手段，精讲精练、及时反馈、有效调控，真正实现教学活动的精简实效。教师要善于运用启发法和发现法，启发学生思维的积极性，利用一题多解培养学生的立体思维模式，利用分层教学提高不同层次的学生思维发展，利用思维导图对知识建立横向、纵向的归纳体系。对于实验学科要注重实验教学，要进行科学探究的教学，要让学生体验、参与知识的发展过程，鼓励学生大胆猜测，去探索、去思考、去发现，尽最大可能培养学生独立思考、科学探索的习惯。

3. 综合学科：综合学科既包含某个分科课程的内容，又包含另一个或几个分科课程的内容，同时能体现各分科课程之间的共同点与联系点。

具体要求是将课程内容维度与学习个体维度相结合。课程内容维度指现存的、既定的课程材料，属于人类文化传承的间接经验部分。学习个体维度指学生在课堂活动中获得的关于世界、社会、人生的直接经验，这些经验的获得因学生的个体差异而各不相同。

综合学科的出发点是让学生通过个体经验的发展，自主发现个体经验与社会经验的有机联系与统一，以学生获得整合的个体经验为课程的主旨。

（二）对教师的要求：

1. 对年轻教师的要求

首先，年轻教师教学基本功要过硬。根据现代教学论的观点，课堂教学艺术对于构成和谐的课堂教学状态起着重要的影响和作用。因此青年教师在课堂教学中要充分重视和体现课堂教学美，这就要求青年教师必须苦练教学基本功。学校提倡两种阶段性的教案——课前教案和课后教案。其次，教学方法要灵活多变。教师可以采用设置疑点，激起"认知冲突"。通过观察、实验、引发思考、探索；通过类比或比喻沟通联想等方式，来启发学生把注意力向所要解决的中心问题集中，用教师的教来引导学生的学，这样顺着学生思维发展的优势，因势利导地提示和点拨，令学生"茅塞顿开"。

2. 对研究型教师的要求

研究型教师要有科研与反思的能力。研究型教师的语言更要简洁、生动，富有感染力，不仅要把该说的话说清楚，更要触动学生的心灵，激发学生的情感；动作要和谐得体，引起学生的注意。研究型教师还要发现和承认认识上存在的矛盾和问题，才能激发思维过程的展开，确定思考的范围的指向，根据存在的问题，广泛收集资料，提供科学思维作为思考的依据。在充分占有材料的基础上，进行深入分析和思考，根据客观的、科学的标准进行对照，去实现科学的结论。

3. 对专家型教师的要求

专家教师具有丰富的教学策略，并能灵活应用，以学生为中心并具有预见性。专家型教师的教学细节方面是由课堂教学活动中学生的行为所决定的。他们可以从学生那里获得一些有关教学细节的问题。另外，专家型教师在制订课时计划时，要能根据学生的先前知识来安排教学进度。他们会在头脑中形成包括教学目标在内的课堂教学表象和心理表征，并且能预测执行计划时的情况。

（三）对学段的要求

1. 低年级（初一初二）

低年级注重学生学习习惯的培养，良好的学习习惯是一种自觉的学习行为，能提高学习效率。主要是以下学习习惯的培养：

（1）尊重老师的习惯

（2）专心上课的习惯

（3）积极思考的习惯

（4）敢于提问的习惯

（5）仔细审题的习惯

（6）善于归纳的习惯

2. 高年级（初三初四）

（1）创设情景，营造思维活动的环境。

（2）驱动性问题引领学生积极主动探求知识，发挥创造性。

（3）学科导图的即时运用，建构知识体系。

（4）多维度归纳评价，树立学生学习的信心

（四）评价要求

1. 评价原则

（1）课程"落位"原则——学科课标落实到位；学校课程理念、目标落实到位

教师依据学科课程标准、学校课程理念等，结合学科特点、实际教学情况制订详细的教学目标，目标中"行为动词"应可测量、可评价，"行为条件"是清楚的，"行为程度"是明确的，依据教学路径图和课堂要求设计合理的教学评价，让教师能明确自己"教到了什么程度"，学生清楚自己"走到了哪里"。

（2）依据"致简课堂"实践范式展开原则

遵循"致简课堂"的"三个规律、四个关注、五个有效、六个要素"，立足学生的现实性，着眼于学生发展的可能性，关注对学生学习力、合作力、创新力和评判力的培养，着力体现师生关系的民主性、学习方式的交互性、学习目的的建构性。通过对课堂教学各环节、流程的评价，引领教师由关注知识和技能的积累，到注重激发学生的学习动机和创造性思维，促进学生兴趣与动机、行为与态度、合作与自信等方面综合发展。教师在课堂教学过程中要搜集学生各类信息，比如观察记录、反思笔记、合作研讨中的表现与作品，凭借这些证据去真实记录下学生个性品质、精神态度、学业水平发展过程，形成学生核心素养的发展轨迹。

（3）尊重差异的原则

在教学过程中，教师不断发现学生的优势和特长，诊断问题和不足，尊重学生现有状态，同时用发展的眼光看待学生，做到真实、有效地记录学生发展过程的信息，重视学习者的起点与发展过程中的各种问题，及时将信息反馈给学生，引导学生学习和反思，使学生了解自己的成长与发展，促成其生成自我成长的能力。

2. 评价指标

根据"致简课堂"的六有要素，落实课堂教学评价，指标主要包含以下五方面：教学目标、教学内容、教学方法、教学技能、教学效果。

（1）教学目标

教学目标的确定要体现语文课程标准的三维目标要求，将课程标准的要求、教材的实际和学生的需求结合起来，既重视学生基础知识的学习、基本语文能力培养，更重视学生学习过程的表现以及学习习惯的养成和学习方法掌握。目标的落实有利于学生自我认识、自我调整、自我完善，做到具体、可行，便于在课堂上落实完成。从教与学两个方面来设计教案和组织课堂教学，主要表现为以下几项：①教学目的符合教育目标和新课程标准；②有知识技能、智能德育因素；③目的明确、具体、恰当、符合学生实际；④教师为指导，学生为主体，发展学生的思维空间；⑤围绕教学目的进行教学。

（2）教学内容

深入地理解和把握教材，重点确定合理，难点突破自然，疑点排除及时。课堂教学内容深度、广度适宜，技能的训练科学，学习过程符合学生的认知规律，具有层次性和条理性，展开有序，学生活动时间充分。一堂好课，应该紧扣教学目的和要求，知识容量适度，内容编织科学，层次划分合理，新旧知识衔接自然，教学环节紧凑。抓住关键、分散难点；突出重点、有讲有练、讲练结合。具体表现为：①教学内容具有科学性、思想性，教书育人有机统一；②讲授知识正确无误，系统连贯；③重点突出，抓住关键，分散难点，讲清概念，有讲有练，讲练结合；④演示实验符合教材要求，操作合理，结果正确；⑤讲解知识，理论联系实际。

（3）教学方法合理

教学方法选择恰当，能激发学生的学习兴趣，能体现课程标准提出的教学理念，运用多种教学方法和教学手段对学生进行启发、引导，教学目标的达成度高。教师应遵循"教师为主导、学生为主体""面向全体、因材施教"等原则，精心设计课堂结构，选择科学的教法，努力使课堂呈现：①教学过程井然有序、严密紧凑；②教具的使用和演示正确无误；③教师发挥主导作用、诱导得法、教得轻松；④学生处于主体地位、思维活跃、学得愉快；⑤课堂气氛生动活泼、效果优良。评价项目表现为：①体现主体、重视启发、勇于创新、培养智能；②遵循"面向全体，因材施教"的教学原则；③教学过程紧凑有序，层次分明；④教学方法得当，教学措施有力；⑤课堂结构合理，时间分配恰当；⑥课堂气氛活跃，效果良好。

（4）教学技能

教师的教学基本功好，教学语言规范、准确、有表现力和感染力，教态自然，举止大方，能因势利导地应对教学活动中的各种情况，具有较好的教学机制，课堂教学的预设与生成相辅相成。表现为：①语言是否规范，有较强的吸引力。教师应做到语言准确、简洁、清晰、生动、流畅、富有感染力，注意抑扬顿挫、轻重缓急的变化和语态的亲切自然；②板书工整、规范，直观性强，无错别字和非规范字；③仪表端庄、教态自然、亲切大方；④课堂调整恰当，反馈与矫正及时，方法灵活多样。

（5）教学效果

完成既定的教学目标，学生积极参与教学活动，乐学善思，在掌握相关知识的同时，学会相应的学习方法，激发学生学习的兴趣。不同层次的学生都有进步。主要表现为①基本实现课时目标，多数学生能够完成作业，不同学生都能得到不同的发展。②学生主动地参与学习活动，相互合作、共同探究学习问题，乐于交流分享成绩。③课堂气氛宽松，师生精神饱满，学生参与面广，能够体验学习和成功的愉悦。④学生注意力集中，学习积极主动，与教师配合默契。

3.评价形式

评价主体，由学生自我评价、学生互评和教师评价等构成，以激起学生从多方面进行反思；

评价形式上，学校采取竞赛式、创作式、测试式、表演式、档案袋式、表格式、素养进阶式等形式，强调定量评价和促进学生反思的描述性的评价相结合。

五、实现条件

（一）教师方面

以教为中心的课堂教学方式，严重束缚学生创新思维和创新能力的发展，不利于全面发展，教出的学生跟不上时代步伐。学校要通过建构新的教学模式，实现教师教学方式的转化。我们打造的"致简课堂"，就是变"教师讲"为学生展示，充分发挥学生主体作用；变"学生听"为动手实践，让学生在做中思考、合作、探究、发现；变"个体学习"为合作探究，培养学生合作能力，帮助学生在和别人的合作中得到启发，及时修正自己的思维层次和思维水平；变"循规蹈矩"为自主思考，培养学生创造性思维、发散思维。

我们依托每学期的树标引领课、达标诊断课、研讨观摩课、汇报展示课、常态巡查课"五课联动"，严格落实"六有课堂要素"的实施，有效促进课堂教学的规范化、精细化。开展"青年教师新授课课例研讨"研修活动，采用"一人同课多轮""多人同课循环""同课异构上课"等多种方式，使每位青年教师每月都能参加至少一次校级课例研讨活动；而对熟练期教师普遍存在的"教学倦怠，容易故步自封"的问题，学校充分发挥熟练期教师实践经验丰富、教学知识底蕴深厚的优势，精心创设公开展示平台，举办"校际联盟教研展示""校级思维可视化现场会""校级师友合作现场会"等，促进教师深入学习，深度思考，不断提升教研教学水平。

（二）学生方面

教学中问题的研究是我们的重点，一方面，学校加强对学生问题意识的培养。问题意识是学生进行发现学习、研究性学习的重要心理因素，要让学生学会发现问题、提出问题、解决问题，就应培养学生的问题意识，使学生时时处于问题中。我们通过构建教学的民主环境，让学生产生心理安全感，使他们能够自主开放地进行思考，畅所欲言地进行表达。通过鼓励学生多思善问，指导学生寻找不同学科问题的方法，创设学生积极参与课堂提问的条件，让学生都能参与到课堂提问的设计中，并留给学生充分的时间和空间，为他们对问题的思考和表达提供机会。同时通过给积极评价，对学生的思考和提问进行及时鼓励赞赏，激发学生提问和表达的自信，形成良好的问题氛围，提高学生发现分析和解决问题的能力。

（三）教学手段方面

西方学者德加默曾说："提问得好即教得好。"可见，课堂教学的效果在很大程度上取决于老师对问题的研究与设置。我们采取"问题—问题链—问题群落"的形式，通过设计一系列由浅入深的问题，问问相扣，层层推进，促使学生最大限度调动相关知识对所学内容进行更深层次的思考和把握，有效激发学生主动思考、合作探究的精神，帮助学生的认识逐步深化。为了确保问题提出的量与质，我们精心设计了《蜊江中学"致简课堂"问题观察量表》，深度推进问题的设计研究。

课堂是课程实施的主阵地。专家们指出：知识不是素养，知识＋实践＝素养。从近年来的教育质量综合评价，我们也可以看出：学生学业水平和实践能力之间的关系为强相关，学生学业水平、创新能力和孩子的发展潜能也高度相关。这提示我们，必须要转变课堂教与学的形式，转变孩子对知识的学习方式，培树学科思维，引导孩子深度学习、合作学习。这一点，也正与我们的 CIC 特色课程育人理念（培养"能合作 会创意；能担当 会创新；能求真 会创造"的三能三会学子）不谋而合，将 CIC 核心理念融入学科教学，提升学生核心素养，成为我们推进课堂教学转型的目标方向。因此，我们积极倡导以问题为引领的深度学习，让知识学习过程成为学生必备能力和素养习得的过程；积极践行师友合作学习，让知识学习和建构的过程成为学生集体交流和相互影响的过程，甚至是创造的过程。唯有成为学生探究与实践的对象时，其学习过程才有可能成为素养的发展过程。

教学安排方面：时间上，可统一安排特色课程的教学时间，也可按科目分散安排，但必须保证课程课时，我们初中一般每周至少 3 课时—4 课时，并一定要把特色课程的课时安排纳入课程表。在授课形式上，采用"长短课相结合"等形式展开。在实施路径上，主要以社团形式开展。在 CIC 特色课程的实施中，我校坚持分类推进，按需施策。如，CIC 基础融合课程群，主要随日常学科教学开展，将基础融合课程中的相关内容有机融合进课堂教学，为学生必修课程。CIC 拓展发展课程群，将大型课程和微型课程相结合，将长期课程与短期课程相结合，将多学科教师融合，将定时课程与非定时课程相结合，每周二、周三下午联排课走班，采取必修与选修相结合的方式。师资方面，我们主要牵手社会力量，引进创客导师团资源、家长社区资源等。CIC 探究综合课程群，采取灵活多样组织形式，或跨班级分组研究，或以班级为单位按主题分组合作研究，或以班级为单位自主选题分组研究，或个体独立研究等，实行必修与选修相结合。时间上，坚持"分段安排，相对集中"的原则，校内，每周四下午第四节活动课开展活动；校外，利用节假日时间展开实践。另外，在课程内容的选择上，我们主要坚持从学生需求出发的课程才有实施的价值意义的原则，面向学生、家长开展座谈和网络调查，通过大数据分析，详细了解学生兴趣、家长期盼，准确把握需求，由此设置课程。目前，学校开设的 30 多门课程，涉及人文艺术、生活健康、科学探索、社会实践等五大门类，均是从学生出发而设，通过项目化学习方式，实现自主探究合作、发现解决问题、突出实践能力、创新能力的培养。

第四章 开发

学校从实践角度出发，将精致课程分为两部分，一是基础学科课程，二是 CIC 校本课程及其他三大课程群。CIC 校本课程是学校课程建设走向精致的象征，这些课程需要从学校现实出发，经历校本化开发建设过程。

第一节 开发原则

一、标准化原则：基于课标，落实要求

基于课程标准的教学，强调面向全体学生，确保基础教育共同的基本要求的达成。依据课程标准推进教学改革，要全面关注教学的价值定位、教学内容、教学方法、教学评价等方面的问题，促进教学系统的整体变革。以往我们更多地关注教学内容、教学方式方法改革，从理论上讲，教学的价值定位更重要。而从实际操作情况来看，可能教学评价问题更为突出。在确保教学评价与教学价值定位的对接上，任务十分艰巨。

基础教育改革的深化，使学校教育由只注重知识传授的传统教育模式，转变为注重学生自主学习，注重学生健康发展的核心素养的新型教育。所谓核心素养是一种综合素质，是面对复杂的、不确定性的现实生活情境时，学生能够综合运用学科观念、思维模式和探究技能，在分析情境、提出问题、解决问题、交流结果的过程中所表现出来的关键能力与必备品格。核心素养的形成对学生的健康发展有至关重要的影响。

CIC 基础融合课程在课程内容的选择和组织上，注重体现基础性、时代性、实用性和综合性。各学科都力求精选终身学习必备的最基础的知识和最基本的技能作为课程主干内容；各学科在保留传统课程内容中仍有价值的基础知识的同

时，特别强调从当代科学的最新成果中吸取新的基础知识，增加新的具有时代性的内容，体现时代特色，剔除陈旧过时的知识；各学科都注重与社会生活的联系，努力面向生活实际并服务于生活实际，从而使课程内容与社会生活实践形成互动的关系；各学科都力求与相关学科相互融合，使课程内容跨越学科之间的鸿沟，最大限度地体现知识的整体面貌。

二、一致性原则：基于课堂，体现特色

学校办学特色建设是深化推进素质教育、更好地促进学生全面发展和个性成长的必然要求，学校教育作为学生成长和发展至关重要的阶段，其特色建设应该主要体现在为学生奠定终身发展的坚实基础、真实有效地促进学生全面发展和个性成长等方面，只有真正具有特色内涵的学校才可能培育出真正有特色的、能够持续个性化发展的学生。因此学校课程的开发要体现学校的教育哲学和办学宗旨，我校以"为每个学生终身发展奠基"为办学宗旨，以精致教育为办学特色，坚持"开启智慧、润泽生命"的办学理念，确立了我们学校独特的课程发展方向——CIC 特色课程。

CIC 基础融合课程就是强调适合学校实际、基于课堂、切合于学生需求的、打破学科之间的界限、进行学科融合的课程。我们从基础学科出发，深入挖掘教材本身所蕴含的融合性资源，在此基础上进行合理融合与拓展，形成了独具特色的 CIC 基础融合课程资源。融合虽然有不同学科元素的参与和认知，但有统整，有主次，更有主导学科的个性和特质。也就是说在学科融合的过程中，主导学科是认知的对象和目标，其他学科是方法和手段，这些作为方法和手段的学科是学习上的资源供给和智力支持，目的是更好地让老师教好主导学科，丰富和拓展学生的学习资源和认知视野。为学生"学科融合式"学习能力的发展奠定基础。CIC 基础融合课程群就是利用多学科资源的参与和介入，攻下主导学科的核心问题，拓展学生自主学习思维。

CIC 基础融合课程因为有不同学科的融合，从而促进了学生综合素养的提升，同时提升了他们的综合能力。更重要的是，培养了学生的创新意识，让学生在实践活动中体验创造的快乐。

三、有效性原则：注重实效，减负提质

建构主义理论认为："学习者要想完成对所学知识的意义建构，最好的办法是让学习者到现实世界的真实环境中去感受，去体验。"CIC基础融合课程是基于课内学科知识的延伸、拓展和深化。随着教学改革的深入、教育技术的发展，课堂的形式在进行翻转，教学方式和学习方式都在转变，越来越突显学生的主体性，尊重学生个性发展，实现学生全面发展。学校通过改变教育供给方式，丰富学生学习途径，调动学习者的积极性和主动性，使学生学会自我管理、自主学习，成为自己成长的主人，做"最好的我"。

学生的素质提升是课程开设价值的重要标准，只有拓展学生的发展空间、学生的发展需求得以满足、学生的个性发展得以展示，才能证明我们课程开设得成功。我们将CIC基础融合课程形式多样地贯穿于教学活动中，通过丰富多彩的活动形式来激发他们参与和研究的兴趣，积极调动他们的参与性和自主性，从而提升学生的素养，健全学生的人格。

CIC基础融合课程符合学生的生活实际、关注学生的知识层次和学习能力，突出学生的主体地位和作用，强调学生之间的精神沟通，顺应了教育发展的潮流。通过自主管理与自主学习，丰富教育的多元性，使学生的素养和能力得到提高，个性得到发展。

第二节　课程案例

物理学科CIC基础融合案例：《石岛大鼓》

一、活动任务分析

（一）特色品牌及文化背景

学校以"精致教育成就精彩人生"为办学理念，以"家国情怀、国际视野、创新精神、精彩绽放"为育人目标，以激发学生兴趣，发展学生特长，拓宽学生知识面，培养学生合作精神、创新意识、创造能力以及社会责任感为目标，培养"能合作、会创意；能担当、会创新；能求真、会创造"的"三能三会"新时代

蜊园学子。本案例属于 CIC 基础融合课程群。

（二）课程主张

本课程主张的内涵：邀你动手制作，体验创作、创新的快乐！

学生在合作、民主的氛围中，通过小发明、小实验，收获动手的快乐，感受物理的魅力。学生在制作过程中也会获得自信，从被动学习转变成主动学习。

该课程体现了"以学生为中心"，使学生的能力得到更大程度的发展。学生在动手过程中完成了物理知识的学习，深刻体现了教育家杜威所提出的"做中学"理念。在传统的物理授课模式中，一些小制作、小实验可能只是老师演示给学生看或者是播放视频，而《中学致理》引领学生从学过的物理知识出发，制作与生活息息相关的小创造、小发明，从中获得物理的感性认识和理性启发，使学生获得理性的长久发展。

1. 对学生综合素养发展的引领价值和意义

学生通过小组合作，能够提高自己的交流与合作能力，在制作和互评的过程中可以提高自己的审美水平与表达能力，在动手操作的过程中可以提高自己的动手能力和创新精神。

2. 对教师教育教学行为转变的引领作用

该课程要求老师有一定的传统文化素养和科学素养，需要教师先动手做，并记录动手的过程，把探究过程以任务单的形式提供给学生，把活动放手交给学生，提高教师的指导能力和统筹能力。

（三）活动的学情基础

学生通过自己动手而获得的团队成功体验，会给他们带来极大的喜悦，对学生非常具有吸引力，对学生的身心健康发展有很好的推动作用，同时他们的筹备、策划、指挥、分工、合作等能力也会得到提升。在未来的学习生活中，学生会面对各种困难，通过这节课的体验，让学生明确只要目标明确，积极团结合作，制订好计划，就会收获成功。

在现今保护传统文化的大背景下，应该增加学生对本地传统文化的了解与保护。基于此，学校开展了《石岛大鼓》的项目活动。

（四）本案例在《格物致理》课程中的地位

1.《格物致理》课程图谱

《石岛大鼓》属于《揭秘声与光》项目之一。

2. 本活动案例与课程活动目标的对接点

（1）用探究的方式解决难题。

（2）动手制作，把学过的知识应用到实践中。

3. 本活动案例与物理学科课程目标的对接点

（1）知道声音如何产生。

（2）掌握声音的特性。

（3）学会制作会发声的大鼓。

第五章 实施

精致课程的实施内容、实施方式丰富多元，精致德育是课程实施的关键所在，"致简课堂"是课程实施的重要途径，CIC 社团是学生喜欢的课程实施方式。精致课程的实施是体现特色品牌建设的关键所在。

第一节 精致德育实践方略

精致德育主要涵盖了各年级和班级的主题班会教育、校园四大节主题教育、14 岁青春礼教育、文明礼仪教育、节日仪式教育等，是为全面落实学生的思想道德和纪律教育工作，构建学校德育教育网络而实施的实践方略。

一、主题教育

（一）加强学校自主建设

1.进一步明确思想任务

学校是对学生进行思想道德教育的主渠道，必须按照党的教育方针，把德育工作摆在素质教育的首要位置，贯穿于教育教学的各个环节。把弘扬培育民族精神作为思想道德建设极为重要的任务，纳入学校教育的全过程。加强对学生的管理，加强思想品德课的教学，有力地挖掘学科的道德教育素材，对学生进行全方位的道德品质教育。

2.进一步落实"精致教师"要求

（1）德高为师，身正为范。

师德体现在"教学生一年，为学生想十年"。每一位教师除了要关注学生的学业成绩，更要关注学生的思想、心理的成长，教书先育人。言传与身教相结合，要求学生做到的，教师首先要做到。

（2）立德树人，坚守初心。

不断加强自身道德素养，为学生做好榜样示范作用；尊重爱护学生，促进学生身心全面健康发展，形成正确的人生观、世界观、价值观。

（3）不计得失，甘为人梯。

有强烈的主人翁责任感和事业心，恪尽职守，求真务实。毫无保留地奉献自己的精力、热情、才能和知识，使学生在知识上、精神上和品德上获得更好的发展。

（4）与时俱进，大胆创新。

虚心学习，不断更新教育理念；掌握现代信息技术，科学有效地为教育教学服务；积极开展课题研究，革新教学方法，与时俱进，勤思善学，自强不息，勇于拼搏，追求卓越，做学生的榜样；拒绝平庸，做有思想的教师。

（5）尊重差异，一视同仁。

尊重学习水平有差异的学生，形成自己独特的解决问题的方式。让不同程度的学生都能在思考的过程中，顿悟自己当时的思维受挫点，从而获得解决问题的经验。

3.进一步明确"精致学子"行动规范

（1）仪容端整：仪容仪表整洁得体，符合学生身份。

（2）阳光向上：珍爱生命，心理健康，眼界宽阔，热情宽容，不阴暗封闭，不以极端方式处理问题。

（3）意志坚强：不怕困难，不惧寒暑，意志坚韧，能抗挫折，能拒诱惑，不玩物丧志，有独立性，不过度依赖他人。

（4）举止文明：言行有教养，能谦让，不插队，不乱扔垃圾，不故意浪费，不说粗话脏话（包括在网络上）。

（5）审美健康：积极向上，有健康的审美观，不沉迷于低俗的作品和游戏，能从积极健康的艺术作品中得到陶冶和启迪。

（6）正直勇敢：有公平正义之心，敢于维护自己的合法权益。

（7）有责任心：具有足够的担当意识，不逃避责任；对自己的前程负责，对团队的荣誉负责，维护国家和民族的尊严。

（二）发挥学校在学生成长中的作用

1.修订校规校纪，提供学生言行规范典范。

（1）印发校规校纪，通过问卷、检测等方式进行督查评价。

（2）通过学生会监察通报，规范学生在校行为。

2.制订精致德育工作计划，下发实施方案与评价措施。

（1）检查评估班级相关德育工作开展落实情况，追踪实施效果。

（2）督导校园四大节、班会、讲座等德育活动的有效开展并进行评估，整理各类德育档案。

3.制定、修编学生德育工作相关制度、条例并根据实际情况逐步完善，力争规范化、合理化，操作简便易行。

（1）修订后的制度条例以电子文件形式发送给相关科室、年级主任、班主任。

（2）在实施过程中发现的不足、缺失之处加以修订，对相关意见予以探讨，接受合理意见，不断完善，力求公证、合理。

（三）重视和发挥家庭教育的作用

1.学校在开学初召开开学典礼，每月定期或不定期地组织召开家长会，及时与家长进行沟通，达到对孩子的共同教育。

2.办好并利用好"家长学校"，与家长进行全方位的沟通。探索学校、家庭、社会"三结合"的新途径、新方法、新路子。

（四）开展多元化实践活动

1.开展专题教育活动。充分利用班级团建活动、国庆节、教师节等重要节日，开展主题班会活动；利用墙报、黑板报等彰显校园班级文化，让每面墙、每棵树、每个角落都成为对学生进行德育教育的阵地。利用中宣部和教育部确定的"公民道德宣传日"，结合初一新生入学教育、庆祝教师节、迎接国庆节等时机，开展对学生的集中教育活动。

2.结合常规教育进行优秀"精致学子"评选活动，为学生树立可亲、可信、可敬的榜样，让他们从榜样的感人事迹和优秀品质中受到鼓舞、汲取力量。

3.利用社区资源开展三结合教育

对未成年人进行思想道德教育，不能仅仅局限在校内这块阵地上，还必须延伸到校外，走向社会。为此，我校同养老院、博物馆、图书馆、核电站等多个单位联系，建立了德育基地。平时的活动做到与综合实践活动相结合，开展好尊老爱幼、文明礼貌、遵纪守法、爱祖国、爱人民、爱家乡等教育活动。

二、家校共育

（一）完善家校共育体系

如何有效形成家校教育的合力，需要有一定的机制和体系。我校以家校"同心共育"为理念，建立合理的家校合作机制，充分发挥家长群体力量，集聚资源，多方协同，推动家校共育体系不断完善，从而提升家校服务工作品质。

1. 成立家校督导委员会。学校推出督委会工作"五日制"，午餐监督日、课堂深入日、校园活动日、校长助理日、督导论坛日，全方位督查学校管理及教书育人工作，并提出合理化建议。"五日制"让督委会有了日常工作的平台和实际运行的内容，切切实实发挥了其监督协理功能，现已初步形成了家校督导共同体。

2. 强化家委会职能。在家委会中设立"三员制"，家长以视导员、协理员和调解员的身份参与学校重大决策，参与到班级、年级的管理之中。家委会成员随时可到学校暗访、到教室听课、参与活动，有问题可直接跟校级干部沟通，或通过书面提案的方式提交学校。学校全面开展的活动、需要家长参与的事情，都会事先和家委会沟通协商，达成一致后共同推动。这样，切实解决了家长委员会流于形式的情况，消除了家委会只是学校推行某项教育举措的"挡箭牌"的不和谐声音，获得了更多家长的认同。学校通过"动态式"管理，实现对家委会组织机构、管理职能等的适时调整，以更有效发挥家委会作用。本学年，结合学校工作需要，征询广大家长建议，学校进一步细化完善了家委会组织机构，充分整合家长资源，形成涵盖教育支持部、爱心公益部、家长社团部、宣传推广部、督查综合部五部门的家校合作组织，突出组织协调引领作用，最终指向促进学校高质量发展和师生高品质成长。

（二）创新家校共育举措

家庭教育至关重要，家长是孩子的第一任老师，良好的家庭教育才能培养出优秀的孩子。优秀的家长应该怎么做？这是家校共育的关键。当前，我们面临的家校矛盾相对突出，孩子成长的每个时期，对于父母而言可能都是第一次。在孩子的学习及成长过程中，家长特别容易焦虑，对学校的期望与要求相应也越来越高。基于此，我校通过建立家校例会、构建新型家长会等，不断创新指导家庭教育的途径方法，促进家校共育过程的联合，让家长真正成为学校教育的"合伙人"。

1. 建立家校例会制度。学校定期举办各系列、主题家校例会，学期初，组织学生会、班干部、课代表等家校例会，突出对学生管理自治能力的培养；学期中，召开学优生、特长生、临界生、待优生等家校例会，突出对学生学业发展的引领；每学期，视情况需要，不定时召开心理支持、征信建设、习惯养成、志愿活动等例会，突出对学生品行修养的培植，形成了适合我校实情的"三动两引"，即"学长带动—专家引领—家长联动—沙龙互动—师长引导"家校例会模式，确保各种例会内涵统一、指向明确、措施聚焦、行动有力。

2. 构建新型家长会模式。学校以"规划、诊断、分享"为主线，结合年级学生特点，创新家长会内容，打破以"论学习和成绩"为主的传统模式，探索形成"三段式"主题家长会模式。一是组织召开"成长规划"主题家长会，初一年级，遵循"学生未进校，家长先开学"的原则，在九月开学前，通过问卷调查等形式搭建提问的平台，了解新生家长迫切需要获得的信息和帮助，通过大数据汇总分析，找到家长们的聚焦点，与学校计划向家长传递的信息进行整合，让家长会更有针对性和实效性；初二至初四年级，在九月新学期伊始，通过召开"成长规划"家长会，帮助家长提早了解本学年教育重点和紧要注意事项，使家长心理有备、行动有向。二是学期中，召开"成长诊断"家长会，结合科任教师对学生的动态成长评价，班主任对学生半学期以来素质发展情况做出诊断，与家长共商解决方案，达成共育共识。三是学期末，召开"成长分享"主题家长会，以"成果展示"为主，表彰班级优秀家长，并提出假期建议。

3. 实行家校表彰激励。将家长纳入学校表彰范围。在学校"三表彰"活动中评选家校共育优秀家长、传承好家风模范家庭、亲子读书优胜家庭、亲子活动明星家庭等，让家长和孩子一起受到表彰，既激发孩子的成长热情，也鼓励和引导更多家长积极投身共育活动中，促进以校为本的家校合作良性发展。

（三）丰富家校共育内涵

为培育家校共育优质生态，厚植学生美好生长的家校共育沃土，我校坚持把赋能家长纳入学校职责中，纳入学校工作计划中，通过持续系统地开展多彩家校活动、精细实施五彩联系卡制度，实现个性化、菜单式、精准式家校服务，有效提升家校共育内涵。

1. 组织多彩家校活动。一是搭建成长平台，提升共育水平。学校基于部分家长的个性化需求，想家长所想，急家长所急，举行"智慧父母成长沙龙"活动，征集家长困惑，提炼沙龙主题，分享优秀家长经验，现场互动交流，教师专业指导，最终梳理策略形成共识，有效提高教育智慧。基于家长群体的成长意愿与共性需求，开设"新中国式家长学堂"系列线上课程，通过引入专家资源、科任教师资源等多种方式，创建学科答疑、年段分析、成长规划、问题诊疗、德行养育等课程展开家长教育，搭建家校共育信息平台，让共育的过程成为共学的过程。办好蜊园"家长学校"，通过开展"专家指点迷津、校长教育培训、家长经验分享、学生心声表达、家校思想推荐"等活动，分享教育智慧。线上线下联动，促进家庭教育知识方法的深入普及，有效提升家庭教育能力素养。二是借力家长资源，优化共育效果。建立蜊中"家长讲师团"，拓展教育资源，并邀请讲师团走进课堂，丰富课程内容形式，成为课堂教学的有益补充。三是创新"家长同侪互助"，提供共育支持。组织各班级建立"成长共同体"，每个共同体设成员 10 人，分别配备一位任课老师、一个高年级家长，通过家长间的同侪优势开展线上线下互动，在互助中共享教育智慧，解析教育困惑，探索教育难题，通过倾诉、交流、探讨获得情绪支持和资源共享，实现抱团成长。四是依托系列节日，开展共育活动。学校设立了"家风、科创、读书、劳动、环境、学习、研学、公益、艺体、开放、诚信"11 个主题的节日共育活动，每年二月到十二月，每月推进一个主题，邀请家长参与其中。学校与家委会一起筹划、组织了十个家长社团，吸收家长和孩子一起参与活动和展示，在"四节日""三表彰"中邀请家长代表入校观礼，密切家校合作关系。

2. 细化家校联系方式。实行五彩家校联系卡制度，为家长委员会配发红卡，主要在家委会成员组织活动、参与学校管理时使用；成立以老党员和家长为核心力量的家校督导委员会，配发紫卡，用于每周一次入校督查管理陪餐等使用；家长参与学校集体活动时，统一配发绿色的家校联系卡；家长参与学校"四节日"、"三表彰"、主题活动、家校共建活动时，配发黄色的家校活动卡；在家长约见老师、老师约见家长时，配发蓝色的家校预约卡。红黄蓝绿紫，五色分明，形成了一套规范的家校联系管理方法，家长带卡进校交卡离校，用这种方式参与活动和督导，既密切了家校关系，提高了管理实效，也增强了家长们的主人翁意识和责任意识，对学校的认同感和归属感也更加强烈，有效促进了家校和谐，推动了学校工作再上新台阶。

（四）畅通家校共育渠道

我校坚持以精致教育为引领，提出"让教育不留死角"，通过开展无缝家访，依托"互联网＋"等，不断丰富拓展家校共育渠道，深化家校沟通机制，让家校共育更有温度，更富智慧，更具成效。

1. 开展无缝家访活动。学校大家访活动随月度工作开展，采取"育人导师包家庭"方式，全员参与。访前，通过制定《荣成市蜊江中学家庭访谈备课表》，围绕"学生在校、家庭教育、课业负担、学校活动、校本课程、安全教育、意见建议"等方面，引导教师提前备好"家访课"，确保有的放矢。访中，坚持"三步走"，聚焦备课点，通过"一听二问三建议"，让家访更"走心"。访后，结合反馈情况，梳理形成问题清单、金点子台账，明确提升方向，推进工作落实。并对有特殊情况的孩子或家庭，成立"教师关爱团"，进行点对点跟踪追访。同时，畅通班级钉钉群等沟通渠道，要求通过多种形式做到周周有、人人访，在效果上突出访建议、通情感，通过家访解决实际问题、达成家校理解，打造家校"爱的朋友圈"。

2. 拓展家校共育路径。2021年，学校借助"互联网＋"，开展了"特殊背景下的家校共育实践研究"，在学习借鉴优秀经验做法基础上，我们立足校情、融合创新，探索形成了基于班级钉钉平台的家校共育模式，通过建立"沟通互动、学习互动、分享互动"的共育机制，充分挖掘家校资源，为家长提供特殊背景下的精准教育支持，积极发挥家长能动性，形成最强合力，让"家校共育"真实发生，共同应对了特殊时期对家校共育提出的新挑战。日常工作中我们采取了角色补位，引导老师融入家庭教育、进入家长的角色。每位孩子入校就建立了一个家校联系本，记录着每个孩子的性格特点、爱好特长、家庭情况、成长历程等内容，一级一级地传下去，保证精准的家庭教育延续。我们建立学生成长导师制，每名教师都分包联系5名—8名学生，持续关注他们的成长与变化，适时给予疏导和引领。

3. 坚持首问负责制。在对待家长、社会反应的问题和建议上实行首问负责，第一被咨询人作为第一责任人，要做到热情接待，耐心解答，妥善解决。要转达、跟进问题解决情况，并主动向家长或社会人士征求反馈意见，确保限时完成，直至反映人满意、理解，学校将此活动纳入教职工考核。

真正的教育，从来不只是学校的事情，它应该是家庭、学校和社会共同承担的责任。只有家校合力，才能为孩子搭建更好的成长平台。相信通过家校共育机制的引领，在全体家长的通力支持配合下，我们一定能够为孩子撑起一方晴空，让蜩中的每个孩子都能健康快乐地成长！

三、综合实践

（一）实施原则

"综合实践活动课程"不是几种课程的随意叠加，它的内容和形式与其他课程有交叉，但价值取向和功能是相对独立的。我们在实施中须遵循以下几个原则：

1. 关注兴趣。基于学习者的需要、动机、兴趣和直接经验来设计、实施相关课程活动，是综合实践活动有别于学科课程的一个基本标志。充分关注学习者的兴趣和直接经验，并以此为基础实现对传统学科知识结构与逻辑体系的超越，建立一个更接近学生真实学习世界的创新课程领域，是综合实践活动确立自身存在合理性的必然选择。

2. 回归生活。学校课程建设回归学生的生活世界，课程设计向真实生活情景转化，是当今世界课程改革的一大趋势。综合实践活动必须最大限度地回归儿童的生活世界。当今学习理论表明，只有当学习发生在意义和背景中，即与学习者的生活世界发生密切关系时，才是有效的。综合实践活动的课程性质客观上决定了这类课程在确定课程内容时必须真正回归学生的生活世界，从学生真实的生活世界中选取那些具有一定的综合性、实践性、现实性的问题事件、现象来设计课程内容。这是综合实践活动选择课程内容时必须坚持的一条最基本的准则。

3. 立足实践。不再局限于书本知识的传授，让学生亲身参与，主动实践，在实践中运用所学知识解决各种实际问题，提高解决实际问题的能力，是综合实践活动的最根本特点。需要指出的是，实践的内容是丰富的，实践的方式也是多样的。实践并不仅仅意味着让学生做社会调查、参观、访问，更重要的是为学生营造实践情景，通过引导，让学生能够自己发现问题，提出问题，解决问题。特别是学生能够面对生活的各种现实问题，综合运用所学知识，主动去探索、发现、体验、重演、交往、亲力亲为，获得解决现实问题的真实经验，从中培养实践能力。

4. 着眼创新。着眼于学生创新意识、创新精神和创新能力的培养，是综合实践活动课程价值与目标最本质的体现。与学科课程相比，综合实践活动为学生创新品质的形成提供了更为宽松、自由的空间。它不受学科知识体系和逻辑结构的限制，在活动过程中，学生始终处于主体地位，自己发现问题，自己设计方案，自己收集资料，自己解决问题。在这一过程中，学生的想象力和创造力可以充分发挥出来。着眼创新的根本目的在于，要以培养今天的学生适应明天的社会生活为己任，尽可能创造条件，让学生在积极探索、主动实践的过程中，不断有所发现，有所思考，有所创新，具备初步的怀疑精神和批判精神，具有独立思考问题的能力和解决问题的能力，为将来成为创新型人才奠定基础。

（二）综合实践活动具体实施

1. 鼓励学生积极参与

如果离开了学生的亲身实践，活动就成了无源之水，无本之木，因此在活动中教师要指导学生积极参与实践。例如研究《零用钱的来源调查》的小组准备用采访的形式来完成任务，教师及时鼓励学生选择这种方法，认为比较适合这一主题，让他们大胆去实施。可是过了不到一天的时间，学生们就来向教师诉苦了。由于有的学生第一次当小记者，多少有些胆怯，采访中说话不流利，结结巴巴，受到了被采访人的嘲笑，人家也采取了不合作的态度，学生们碰了一鼻子灰。活动过程的指导关键在于教师要有耐心。学生们可能会出现这样那样的问题，比如组员分工、写调查报告、材料的分类整理等都可能会出现问题，我们必须有耐心，向学生讲解，为学生分忧，学生泄气时及时送去鼓励，这些都是不能忽视的。

2. 指导教师敢于放手

放手是指在活动过程中教师要放开学生的手脚，让他们按照自己的设想去行动，这有利于激发学生在活动中的创新行为。但放手不等于撒手，在学生遇到困难时要和他们一起分析原因，找出解决问题的方法，主要引导学生遇到问题学会思考，绝不是包办代替。综合实践活动指导，教师应做到放手不撒手，指导不代替。只有这样才能使学生在活动中真正去体验、真正去感受，才能提高他们的创新精神、实践能力以及解决实际问题的能力。

3. 引导学生及时反思

学生成长需要亲自动手实践，需要通过参加活动产生丰富体验，更需要在实践体验中不断反思，形成深切感悟。有了深切感悟，感性体验才能上升到理性层面，学生的认识才能发生深刻变化。因此，综合实践活动中教师必须不断引导学生及时反思，活动结束后进行全面反思总结。这样，才能培养学生的责任意识。

4. 及时把握活动过程中的生成性问题

综合实践活动开放性强，实施过程中会生成很多极其宝贵的新资源。及时发掘这些生成性资源，调整活动内容和进程，可以使活动不断拓展延伸，使活动内容更加丰厚，更有育人价值。

活动中，教师要增强资源意识，密切关注学生的需要和兴趣，及时发现新的课程生成点、拓展点，引导学生转移注意，将活动不断延伸下去。

5. 重视学生的亲身体验

综合实践活动最重要的不在于以什么形式来展示活动成果，而是让学生亲历过程，亲身体验，体验过程比结果更重要。如果不给学生活动时间，不给学生提供活动机会，而是让学生凭空想象，只是就头脑中现有的知识来组织材料，那就失去了活动的意义。

第二节 "致简课堂"实践方略

一、理论应用性学习

（一）学习主题：基于教学评一致性的试题评价研究

学习形式：校内全员培训

学习策略：学习共同体建设

学习内容：

教师研究会考试题是落实考试与评价理念的关键环节。在当前核心素养育人目标体系下，开展基于教学评一致性的生物试题命题的关键在于建立课程标准与试题间的关联，使命题体现课程标准所倡导的目标和内容。同时，在试题呈现上可设置贴近学生现实生活的多元化情境，有效考查学生的核心素养与关键能力。落实到课堂上就是教师如何设置课堂练习，达成教学评一致性。

1. 问题的提出

（1）深化考试改革内容——从知识到能力和素养

会考内容的改革是引领教师教育教学最核心的指挥棒，是促进学生全面发展的重要途径。《国务院关于深化考试招生制度改革的实施意见》提出，要"深化考试内容改革，增强基础性、综合性，着重考查学生独立思考和运用所学知识分析问题、解决问题的能力"。从近几年会考试题来看，随着改革的深入，考试内容改革也在协同推进，突出对学生能力和综合素质的考查越来越多，这体现了新时代对人才的需求。

（2）基于课堂的短板

教学评一致性中，评价环节最为薄弱。且大部分教师关注比较多的是过程性评价、即时评价、生生评价等等，所以我们教师要多进行基于教学评一致性的试题的研究。

（3）基于教师的日常工作和能力起点

教师需要组织日常检测试题，并且主要是筛题选题，而非原创。

但要选好题也并非易事——确实是！怎么选？选什么？难度系数如何把握？之前很多教师在筛题选题过程中都是依据自己的经验在做，凭自己的主观想法认为哪题重要就留哪题，这样导致对试题的选择不够用心，或者学生一直在做重复的题。由此可见命题、筛题、选题能力应是每个教师具备的最基本的能力。

天下之难事必先做于易。先学会对试题进行分析鉴别筛选，所以，本文就围绕如何"基于教学评一致性生物试题评价的研究"来探讨。

教即教师的教，学即学生的学，评呢？全面地说应该既是评教师的教，又是评学生的学。学生学得怎么样要看教师的课堂引领，教师的课堂是立足于课标基础上的，所以我们要建立课标与试题之间的关联性。

2. 怎样开发基于教学评一致性的生物试题

开展基于教学评一致性的关键在于建立课标与题目间的关联，将课标内容转化为考试题目。课程标准从宏观层面规定了各学段的课程目标、课程内容、学生素养和基本要求，但其是以文本性呈现方式对上述内容做出的"静态性"陈述，需对其进行"动态性"转化，这种转化能否实现直接关系着检测题质量的高低。基于课标的命题要通过严谨的命题设计，设置一定的驱动性问题，与课标中的核心知识相关联，并将标准作为评价学习结果的重要依据。国外考试在其命题、组题及出题过程中都有一套严格的标准化程序，包括：澄清测验使用目的与测量结构、辨别能表征测量结构的范围、准备试卷细目表、考虑试题、编题、题目审查与预试、试题分析、确定试卷。反观我国，在教师的日常教学中，凭自己的经验命题似乎成为一种普遍现象，这种命题违背了课程标准是教材编写、教学、评估和考试命题的依据，导致考试目标与教学目标之间的一致性低。

因此，基于课标的命题，在提高基于课标考试与评价意识的同时，需建立完整严谨的试题编制程序，以保证命题的科学性、准确性和标准化。在命题时，可将课程标准进一步划分为质量标准和内容标准，确立考查目标、选取考试内容，并据此编制多维细目表，考虑题目类型和格式等，使命题在各个环节和操作层面上能够全面系统地反应课标规定的目标和内容。

（二）强调"标准立意"的命题理念

开展基于标准的命题是实施基于标准评价的前提。命题应全方位、多角度反应课程标准，不仅在价值取向上要与课标保持一致，考查课标中要求学生知识达成度和能力水平，还要体现课标中所倡导的教学和学习方式。如课标期待学生主动地参与学习过程，在亲历提出问题、获取信息、寻找证据、检验假设、发现规律的过程中，习得生物学知识，养成理性思维的习惯，形成积极的科学态度，发展终身学习的能力。

（三）建立基于课程标准的考试框架

一是基于课标明确具体考查目标。课程标准是学习目标、教学目标及考查目标的上位概念，在命题中需进一步分解和具体化为考查目标。命题时要在准确把握学科核心素养内涵及其特征的基础上，结合学段要求、学生发展水平、教学内容等对学科核心素养加以具体化和可操作化，明确该阶段学生升学的能力要求，科学定义、细致划分，形成相应的能力或子能力清单，确立具体的考查目标，并对每一层级目标做出可理解、可传播、可实施、可评价的陈述，为题目和任务设计提供理论支撑。如课标中对"发生在肺内的气体交换"的表述为"能够概述发生在肺部及组织细胞处的气体交换过程"。命题时需要进一步具体分解为考查目标是：

能够说出肺与外界的气体交换；

能够描述气体在血液中的运输；

能够说出血液与组织细胞的气体交换。

二是依据考查目标划定考试范围。依据所确立的考查目标，辨别和划定能够反映考查目标的知识点和试题范围。明确所测知识和能力层次之后，要考虑什么样的试题范围能测出所要考察的知识和能力；在不同的能力水平，应设置什么样的知识点。知识点是服务于所要考察的能力层级，要根据所考查能力水平设置不同的知识点，而非全覆盖。在理解和把握各学科核心素养内涵及其表现的基础上，提取能反映出所考查能力水平的核心概念和关键要素，明确试题命制的内容范围。还以"发生在肺内的气体交换"为例，在确定了考查目标之后，教师可以进一步明确的各考查目标知识点如下：

1. 能够描述肺与外界的气体交换

肺部与外界气体交换动力是什么？

肺内气压为什么会发生变化？

是由什么原因导致肺的变化？

什么原因导致胸廓的变化？

肋骨和膈运动的原因是什么？

肺泡有哪些特点适于气体交换？

气体交换后血液成分会发生什么变化？

2. 能够描述气体在血液中的运输

交换之后的气体需经过哪些路径到达与组织细胞进行气体交换的场所？

经过心脏几次？

都经历了哪些循环？

3. 能够描述血液与组织细胞的气体交换

与组织细胞进行气体交换的场所是哪？

这个结构有哪些特点适于物质交换？

哪些物质进行了交换？

说出氧气从外界进入组织细胞的路径。

二氧化碳从组织细胞排出体外的路径？

（四）编制试题"多维细目"

细目表本质上具有生成性和解释性，其提供了关于测试内容和测试方式的"官方声明"（official statement），是命题人员遵循的"蓝图"，也可供测试评价者和测试对象使用。使用细目表的最大好处在于提高命题效率，保证最终测试目标的清晰度和明确度，是确保命题有效性的基础。传统上，一般使用双向细目表建立教学目标与教学内容、问题、能力要求间的关联。

从操作角度看，双向细目表可减少问题设置的随意性和无序性，提高命题的科学性和规范性。然而随着教育改革的推进,双向细目表也出现种种弊端,如考查目标范围太窄,无法全面反映除了解、理解、应用之外的其他能力;只关注测试内容,忽略试题背后的价值问题、评分细则、难度、题型等;只反映了命题的一部分,对于总体命题程序的规划不够。因此,应改进命题工具,用多维细目表引领基于课程标准的试题设计,在保证试卷合理、科学的基础上,逐步并全面达成课标中的教学目标。

课程标准及其要求是多维细目表的上位体现;多维细目表是课程标准所规定的目标和要求的内容载体。在确立考查目标和试题范围的基础上,命题者要在综合考虑题型、题目难度、区分度及题量等基础上,汇总并编制多维细目表,全面反映上述各要素之间的关系,如考查目标与内容间的关系,考查目标、内容及题型间的关系,题型与难度、区分度及考查内容间的关系,题型与难度、区分度以及考查目标间的关系等等。通过这些项目作为命题的限定性条件,具体到可操作化层面以最大限度地平衡命题者主观经验的影响,从而保证试题的科学性和准确性。

（五）编制试题题目

依据多维细目表的要求,命题者将考察内容转化为具体题目。一份科学、有效的试题不仅体现命题者对课标的把握和教材的理解,也体现对学生及其学习状况的研究。教师要基于学情的深度分析,收集相关素材和佐证材料,梳理并编制试题题目。在命题环节,创设合理的试题情境和呈现方式尤为重要。同时还要依据课标要求,制定基于不同能力层级的评分方案和细则,探索先进的评分细则,实现对学生素养和能力的梯度性考查。

二、创新试题测试情境:"抽象"到"真实而多元"

教学终归要回归生活,以解决现实生活中的问题为最终旨归。试题要设置贴近生活的多元化情境,创新情境设计方式,考察学生的知识迁移能力和问题解决能力。通过真实、多元的情境还原学生生活场景来有效考查学生能力是当前国内外命题改革的趋势。我们的日常检测试题也应以情境设计为命题改进的突破口,科学设计贴近社会实际、贴近生活、贴近课程教学的拟真化情境,强化与复杂世界的"紧密耦合",为评价提供依据。

基于素养的学习总是要求与具体情境相结合,核心素养是个体在与情境的持续互动中，在不断解决问题、创生意义的过程中形成的，要对学生学科素养或能力的形成状况进行科学评估也需依托一定的情境。指向核心素养的评价任务设计要求命题者在深谙该素养或能力内涵与特征的基础上，考查并建立特定情境与学科知识体系、思维方式、探究方式和价值观念等的最佳契合点，挖掘该情境用于考查核心素养的不同水平的可能性。命题者可通过创建一个"好故事"来使考查任务与关键性情境特征之间产生意义，设计具有表现性或真实性的任务，引发学生的某种建构性或创造性行为，据此来测量学生的学习结果。同时，问题设置要有清晰的指向，一道题目或其中某一问题只用于评价某一项能力或能力的某个方面。

主要参考文献

[1] 内尔·诺丁斯. 学会关心：教育的另一种模式：第 2 版 [M]. 于天龙译. 北京：教育科学出版社，2011：77-85.

[2] 孟晓东. 核心素养导向下的学校课程建设 [J]. 教育视界，2022（10）:25.

[3] 张凤莲，李桢. 基于统整理念的学校课程构建 [J]. 教育科学，2019, 35（01）：39-42.

[4] 杨玲丽. 一体化：学校课程体系设计与建构之径 [J]. 教书育人，2022（20）：32-34.

[5] 潘云鹤. 新时代高等工程教育的范式变革与未来展望 [J]. 科教发展研究，2021，1（1）:12-25.

[6] 吴广，王富珍. STEAM & 创客教育工作室助力科技创新教育——林芝市第一中学科技创新教育纪实 [J]. 中国科技教育，2022（07）:58-59.

[7] 郑茜. 守成与创新：面向未来的信息科技教育——《义务教育信息科技课程标准（2022 年版）》解读 [J]. 江苏教育，2022（68）:21-24.

[8] 张传燧. 课程改革在路上：历史、现状与未来 [J]. 课程·教材·教法，2015，35（08）:39-42.

[9] 戴久来. 践行精致教育理念　促进学校优质发展 [J]. 现代教育科学，2012（04）.

[10] 田慧生. 落实立德树人根本任务　全面深化课程教学改革 [J]. 课程·教材·教法，2015（01）.

[11] 李永婷，徐文彬. 基础教育课程改革研究的现状、问题与反思 [J]. 当代教育科学，2016（19）.

[12] 窦桂梅，胡兰. 基于学生核心素养发展的"1+X 课程"建构与实施 [J]. 课程·教材·教法，2015（01）.

[13] 大卫·罗斯.致辞：从 4C 到 5C——祝贺"二十一世纪核心素养 5C 模型"发布 [J].华东师范大学学报：教育科学版，2020（01）：1-4.

[14] 崔允漷.指向学科核心素养的教学即让学科教育"回家"[J].基础教育课程，2019（Z1）：5-9.

[15] 刘晟魏锐，周平艳，师曼，刘坚.核心素养如何落地——来自全球的教育实践案例及启示 [J].人民教育，2016（20）：60-67.

[16] 王泉泉，魏铭，刘霞.核心素养框架下科学素养的内涵与结构 [J].北京师范大学学报：社会科学版，2017（02）：25-27.

[17] 吴晗清，穆铭.科学领域核心素养达成的利剑：融合理化生的项目式学习 [J].教育科学研究，2019（01）：13-17.

[18] 夏雪梅.跨学科素养与儿童学习：真实情境中的建构 [J].教育科研，2017（01）：5-13.

[19] 徐洁.迈向"核心素养"：新中国成立 70 年基础教育课程的逻辑旨规 [J].教育科学研究，2020（01）：1-5.

[20] 钟启泉.核心素养的"核心"在哪里 [N].中国教育报，2015（07）：11-14.

[21] 屈宸羽.问题与愿景：区域中小学科研发展的生命样态与实践路径 [J].今日教育，2021（2）：43-47.

[22] 邵长峰，操基兵."四位一体"支持策略：学校教育科研的生长点 [J].江苏教育，2022（6）：51-53.

[23] Burcu Gulay Tasci. Project Based Learning from Elementary School to College [J]. Procedia–Social and Behavioral Sciences，2015（186）:770–775.

[24] IritSasson, Itamar Yehuda, Noam Malkinson. Fostering the skills of critical thinking and question-posing in a project-based learning environment [J]. Thinking Skills and Creativity，2018（29）:203–212.

[25] Junghee Choi, Ju-HuLee, BooyuelKim. How does learner-center ededucation affect Teacher self-efficacy? The case of project-based learning in Korea [J]. Teaching and Teacher Education，2019（85）:45–57.

[26] MiriBarak, Shiran Yuan. Acultural perspective to project-based learning and the Cultivation of innovative thinking [J]. Thinking Skills and Creativity，2021（39）:100–107.